2017年度北京市教育科学"十三五"规划重点课题
"幼儿园教师专业胜任力的诊断标准与发展模型研究"
(项目编号：AAFA17016)的阶段性研究成果

Preschool Child Observation Record
(COR Advantage)

高瞻课程的理论与实践
———— HighScope ————
霍力岩　主编
李金　刘祎玮　何淼　副主编

学前儿童观察评价系统

[美] | 高瞻教育研究基金会（HighScope Educational Research Foundation）| 著

霍力岩　刘祎玮　刘睿文　何淼　谷虹　杜宝杰　王冰虹　任宏伟　张昭　译

何淼　审校

教育科学出版社
·北京·

丛书译者前言

支架儿童在活动过程中表现出高度热情和广泛兴趣
——走近高瞻课程模式的理论与实践

高瞻课程模式（HighScope Curriculum）在我国曾被译为"高宽课程""海伊斯科普课程"等。它诞生于20世纪60年代的美国，历经半个多世纪的建构、解构与重构，已经成为当今世界学前教育领域举足轻重的幼儿园课程模式。可以这样认为，高瞻课程模式是以公立幼儿园儿童为主要对象，以支持儿童学会主动学习（active learning）为基本价值取向和主要教育目标，以为儿童提供支持性学习环境为基本资源依托和主要教育条件，以助力儿童在一日生活环流程（daily routine）和计划—工作—回顾（Plan-Do-Review）的活动中持续学习为基本实施思路和主要教育过程，以系列关键发展指标（Key Developmental Indicators, KDIs）及其水平层级为基本进阶指引和主要教育内容，以支架儿童在活动过程中对周围的自然与社会产生高度的热情（high aspirations）和广泛的兴趣（a broad scope of interest）为基本评价框架和主要教育效益，以帮助教师通过主动学习胜任专业岗位和持续岗位进阶为基本启动范式和持续质量保障的一种幼儿园课程模式。在当今建设高质量学前教育体系并持续推进"幼有所育""幼有善育"的形势下，在当今建构高质量幼儿园教育评估体系并持续推进"科学评估""以评促建"的形势下，相信高瞻课程模式会为我们思考在新时代里"培养什么人""为谁培养人""怎样培养人"的问题，思考落实"立德树人"根本任务并"为培养德智体美劳全面发展的社会主义建设者和接班人奠定坚实基础"的问题，思考幼儿园课程开发中的课程目标定位、课程条件保障、课程过程展开和课程效果评估等"立柱架梁"的问题，思考幼儿园教师培养培训的"岗位胜任力"和"内生学习力"以及培养培训方案中的"反向设计、正向施工"的问题，思考幼儿园保育教育质量评估并建设适合新时代中国幼儿园保育教育质量评估模式的问题，思考幼儿园教师教育质量评估并建设适合新时代中国幼儿园教师教育质量评估模式的问题等一系列重大问题提供方向指引。同时，为我们不断努力为明天建构出中国化、高质量和可持续的整体解决方案——以中国智慧及适合中国儿童的幼儿园保育教育质量评估模式为基础，积极建构并持续完善基于"整合与进阶"理念的幼儿园课程模式，以中国智慧及适合中国教师的幼儿园教师教育质量评估模式为基础，积极建构并持续完善基于"适岗与发展"理念的幼儿园教师教育课程模式，切实扎根中国大地建构中国式启蒙教育的"四梁八柱"并转化为在教育现场中的幼儿园课程提供有益借鉴。

一、高瞻课程模式与新时期学前教育事业的改革和发展

（一）高瞻课程模式对于深刻认识学前教育价值具有重要意义

20世纪60年代，在美国"向贫穷宣战"的全国性战略行动中，著名的佩里学前教育项目（Perry Preschool Project）又称为高瞻佩里学前教育项目——一项针对处境不利学前儿童进行教育干预的公立学前教育项目——在密歇根州伊普西兰蒂市诞生。高瞻课程模式正是这一著名学前教育项目的支柱性组成部分，它是历经多年的理论研究和实践探索形成的一套幼儿园课程模式。从某种意义上来说，正是高瞻课程模式为世人熟知和公认的长效教育结果推进了我们对学前教育高效、长期和综合价值的认识。

基于对高瞻佩里学前教育项目或高瞻课程模式中学前儿童发展的长期追踪研究，权威研究者们有了关于优质学前教育效果的新发现，即优质学前教育方案在提高儿童的受教育年限和教育成就、增加国家税收、减低福利开支和预防犯罪等方面成果喜人。美国学者施瓦因哈特（Schweinhart）、蒙铁（Montie）等在2005年对高瞻课程模式的研究中发现，优质学前教育方案对人的一生有着深远的影响，并通过对人的影响产生对社会的综合影响。经过对高瞻课程模式中

学前教育的成本—收益分析，发现在扣除了通货膨胀等因素后，每投资1美元到学前教育以帮助贫困儿童，便有17.07美元的收益，其中12.9美元的收益属于纳税人，4.17美元的收益为儿童个人所有。特别值得指出的是，诺贝尔奖获得者赫克曼（Heckman）及其同事在重新分析高瞻佩里学前教育项目的相关数据后，再次确认了以上研究结果：对女性来说，高瞻佩里学前教育项目在提高教育成就、就业率、成年后经济收益以及降低犯罪率方面都产生了有益的影响；对男性来说，高瞻佩里学前教育项目对降低犯罪率、减少监禁、增加27岁时的收入、增加40岁时的就业以及其他经济收益方面都有长期积极的影响。除此之外，对高瞻佩里学前教育项目的追踪研究还发现，与参与其他课程的儿童相比，参与高瞻课程模式的实验组儿童在成年后（40岁以后）的综合评价中，学前教育的长期效应最为显著。随着高瞻课程模式促进学前儿童有益、有效发展的积极意义越来越多地得到证实，高瞻课程模式的影响和发展已然跨越国界，成为有世界影响力的优秀幼儿园课程模式。

时至今日，对高瞻佩里学前教育项目或高瞻课程模式教育效果，特别是中长期教育效果的研究成果，推动了世界各国对学前教育价值以及学前教育价值的长期性和综合性的认识。在我国，越来越多的人已经认识到并将越来越深刻地认识到，学前教育的价值已经远远超越了促进个体发展和家庭和谐的民生范畴，正在与做好入学准备和实现幼小科学衔接、提升国民素质、促进人的全面发展的"建设高质量教育体系"等目标紧密联系在一起，并将对构建和谐社会、促进社会公平和打赢脱贫攻坚战、全面建成小康社会后进一步巩固拓展脱贫攻坚成果，接续推动脱贫地区发展和乡村全面振兴等目标，建设富强民主文明和谐美丽的社会主义现代化强国的国家命运产生重大而深远的影响。

（二）高瞻课程模式对于推动幼儿园课程改革具有积极作用

"高瞻"的英文由两个英文单词——High和Scope——组成，前一个词指高度的热情（high aspirations），后一个词指广泛的兴趣（a broad scope of interest），即让儿童具有高度的热情和广泛的兴趣。同时，必须指出的是，高瞻课程模式的含义绝不仅于此。高瞻课程模式是儿童主动学习、在活动中学习、在获取关键经验中学习等世界主流学前教育理念的倡导者和践行者，有独到的且有影响力的课程价值取向、课程框架、课程方法、课程组织形式和课程评价体系，理性光辉和实践智慧相辅相成，儿童发展与教师发展交相辉映，实践性课程、反思型教师和发展性评价三位一体。可以说，尽管高瞻课程模式仍处在发展过程之中，仍存在这样那样的不足和可以商榷的问题，但没有任何人可以否认，它是经历了时间和空间检验的优秀幼儿园课程模式，在世界主流幼儿园课程模式的舞台上占据重要地位。

《中共中央 国务院关于学前教育深化改革规范发展的若干意见》针对学前教育教师队伍建设滞后、监管体制机制不健全和保教质量有待提高等问题，提出了大力加强幼儿园教师队伍建设、完善监管体系和提高幼儿园保教质量等任务要求与具体措施。《幼儿园保育教育质量评估指南》指出了要聚焦幼儿园保育教育过程质量，坚持科学评估和以评促建，促进学前教育高质量发展。由此，在重视学前教育师资队伍建设、重视幼儿园保育教育过程质量、重视幼儿园保育教育质量评估、助推学前教育高质量发展、办好人民满意教育的现实背景下，源于美国弱势儿童教育和公立学前教育的优质幼儿园课程模式——高瞻课程模式——有着可以为我国学前教育事业发展，特别是幼儿园课程改革与幼儿园教师教育改革提供参考和借鉴的重要价值。学前教育如何才能真正成为公共产品或准公共产品？幼儿园教师如何才能不再进行"填鸭式"的直接授受，而真正帮助儿童学会主动学习和探究学习？幼儿园教师如何才能不再进行"分科式"的"传道、授业和解惑"，而是从学习品质、思维方式、关键经验等方面着手组织一日活动？幼儿园教师如何才能不再让儿童仅仅进行读写算方面的入学准备，而是引导并支持儿童对自然和社会具有高度的热情和广泛的兴趣？幼儿园如何才能走出"掠夺式开发儿童大脑"的知识导向误区，成为尊重生命并帮助儿童实现快乐生活、健康成长的可持续发展的另一个家园？确实，幼儿园活动室成为像中小学一样的教室，还是成为回归幼儿园本源的儿童乐园，这是一个与今日学前教育改革和发展的价值取向，特别是幼儿园课程改革和发展的价值取向密切相关的严峻问题。我们希望，高瞻课程模式可以为我们思考上述一系列问题提供线索和启示。

目前，高瞻教育研究基金会（The HighScope Educational Research Foundation）

在加拿大、英国、印度尼西亚、爱尔兰、墨西哥、新加坡、荷兰、韩国、南非和智利等国家均设立了全国性的高瞻课程模式教师培训中心。高瞻课程模式中幼儿园教师实践的书籍和评价工具也已经被翻译成中文、阿拉伯语、荷兰语、法语、韩语、挪威语、葡萄牙语、西班牙语和土耳其语等多种语言。同时，随着全球化时代文化教育的跨国传播越来越多，高瞻课程模式也被越来越多的国家和地区广泛采用，并产生快速直接的或潜移默化的影响。希望我们对高瞻课程模式的解读，特别是对高瞻课程模式价值、内容、方法、组织形式、评价体系和教师发展策略的解读，能够为我国学前教育工作者思考新时期中国学前教育价值取向、幼儿园课程建构和幼儿园教师专业发展等有关学前教育事业发展的重大理论和实践问题有所帮助。

二、高瞻课程模式与本译丛的基本结构

基于对高瞻课程模式重要意义的认识，我们组织翻译了高瞻课程模式的系列著作。目前该丛书共包括14本，分为3辑。第一辑主要包括：①《学前教育中的主动学习精要——认识高瞻课程模式（第2版）》（*Essentials of Active Learning in Preschool: Getting to Know The HighScope Curriculum*，Second Edition）；②《你不能参加我的生日聚会——学前儿童的冲突解决（第2版）》（*You can't Come to My Birthday Party! Conflict Resolution with Young Children*，Second Edition）；③《我比你大，我五岁——学前儿童数学能力的发展》（*I'm Older Than You. I'm Five! Math in the Preschool Classroom*）；第二辑主要包括：④《高瞻学前课程模式》（*The HighScope Preschool Curriculum*）；⑤《学习品质：关键发展指标与支持性教学策略》（*Approaches to Learning*）；⑥《社会性和情感发展：关键发展指标与支持性教学策略》（*Social and Emotional Development*）；⑦《身体发展和健康：关键发展指标与支持性教学策略》（*Physical Development and Health*）；⑧《语言、读写和交流：关键发展指标与支持性教学策略》（*Language, Literacy, and Communication*）；⑨《数学：关键发展指标与支持性教学策略》（*Mathematics*）；⑩《创造性艺术：关键发展指标与支持性教学策略》（*Creative Arts*）；⑪《科学和技术：关键发展指标与支持

性教学策略》(Science and Technology)；⑫《社会学习：关键发展指标与支持性教学策略》(Social Studies)。第三辑主要包括：⑬《学前儿童观察评价系统》(Preschool Child Observation Record，COR Advantage)；⑭《学前教育机构质量评价系统》(Preschool Program Quality Assessment，PQA)。

我们希望通过对高瞻课程模式中影响较大的十几本著作的介绍，让大家更为深入地了解高瞻课程模式，特别是更为细致地了解：①高瞻课程模式的价值取向和基本框架；②高瞻课程模式中的教师角色；③高瞻课程模式中儿童各领域的关键发展指标及支持性教学策略；④高瞻课程模式中的儿童观察和机构质量评价。同时，我们希望帮助大家在较为准确地把握高瞻课程模式的基本要素和框架结构的基础上，借鉴他人经验，创造出适合我国国情的学前教育课程模式。

◆ 第一辑

1.《学前教育中的主动学习精要——认识高瞻课程模式（第2版）》

《学前教育中的主动学习精要——认识高瞻课程模式（第2版）》系统反映了高瞻课程模式理论与实践的最新进展。该书以主动学习为基本线索，主要介绍了高瞻课程模式的4个基本要素：教学实践、课程内容、评价系统以及员工培训模式。在教学实践部分，该书详细介绍了高瞻课程模式的实践者在帮助儿童进行主动参与式学习时所使用的主要方法，包括成人—幼儿互动、室内外学习环境的创设、一日生活流程的建立、家园合作以及教师之间的有效沟通与合作策略等。在课程内容部分，该书详细介绍了高瞻课程模式的八大内容领域（包括学习品质，社会性和情感发展，身体发展和健康，语言、读写和交流，数学，创造性艺术，科学和技术，社会学习）、八大内容领域的关键发展指标和达成这些指标的方法和策略。在评价系统部分，该书详细介绍了高瞻课程模式中儿童评价工具和机构质量评价工具。在员工培训模式部分，该书阐释了如何将主动参与式学习原则应用到成人即员工培训之中，并特别介绍了高瞻课程模式的培训内容，以及保证培训质量的认证过程。

2.《你不能参加我的生日聚会——学前儿童的冲突解决（第2版）》

《你不能参加我的生日聚会——学前儿童的冲突解决（第2版）》一书主要

介绍了应对儿童冲突的问题解决方式，书中运用大量案例帮助幼儿教育工作者和家长具体理解调解冲突的基本步骤。该书在对学前教育和冲突调解领域诸多方法进行整合的基础上形成了"问题解决六步法"，并对这一方法进行了较为详细的阐释，即：①冷静地接近儿童并阻止任何可能的伤害性行为；②认可并理解儿童的感受；③收集与冲突问题相关的信息；④重述并解析引发冲突的问题；⑤和冲突各方儿童共同寻找解决冲突的方法，并共同选择一种方法；⑥做好准备，给予问题解决的后续支持。作者在每一部分的写作中都融入了具体的案例，对学前儿童冲突解决的论述分析深刻、通俗易懂又易于操作。

3.《我比你大，我五岁——学前儿童数学能力的发展》

《我比你大，我五岁——学前儿童数学能力的发展》一书旨在使教师和学前儿童能够享受在数学世界中探索与发现的乐趣，并学习如何促进高瞻课程模式中五大数学关键经验——分类、排序、数字、空间和时间的发展。该书首先从整体上介绍了数学领域所包含的教学策略，即布置学习环境、计划每日日常活动、与儿童互动和评估儿童五大数学关键经验的发展；其次介绍了教师应如何逐步指导儿童进行数学学习，包括：开始——如何向儿童介绍某个数学活动；过程——如何在活动中扩展儿童对数学概念的探索；变式——在活动开展中其他可以使用的材料或方法；结束——如何将一个活动带入尾声；后续——在活动结束后的日子里，儿童如何继续在该数学领域学习。同时，该书还详细列举了学前儿童的50个数学学习活动，实践工作者可以实施这些活动，并根据每节内容后的诸多变式和建议激发儿童对数学的兴趣，使儿童认识到数学在日常生活中的重要性。

◇ 第二辑

4.《高瞻学前课程模式》

《高瞻学前课程模式》一书讲述了高瞻课程模式的发展、核心原则和实践证明的有效性。该书首先提出主动参与式学习是儿童建构知识的主要方式，然后介绍了儿童主动参与式学习的成人支持（包括教师的支持和家庭的支持）策略，最后介绍了对儿童及课程的评价。在高瞻课程模式中，评价包括一系列任务，如观察、记录。书中还介绍了高瞻课程模式的学习环境、一日生活流程、计划—工作—回顾、大组活动时间、小组活动时间等课程核心要素。高瞻课程模式鼓励儿童在一个支持性的社会背景下学习与发展，在一日生活中表达、执行并回顾他们的计划。一整天，儿童追求自己的兴趣，用自己的方式来回答问题，并与他人分享想法。在真正对他们所说的和所做的事情感兴趣的成人的支持下，儿童能够构建自己对周围世界的理解，并获得控制感和个人满足感。在这个过程中，儿童的信任感，以及积极主动、好奇、睿智、独立、自信心和责任心等学习品质和生活态度逐步建立了起来。

5.《学习品质：关键发展指标与支持性教学策略》

学习品质是高瞻课程模式内容领域中的核心内容，因为儿童的学习品质塑造了他们在所有领域的教育经历。儿童在与他人、物体、事件和想法互动的过程中体现出独一无二的态度、习惯和偏好。拥有积极学习品质的儿童能够以豁达的心态面对挑战，这种品质将伴随他们进入学校，甚至贯穿一生。学前教育在塑造儿童的学习品质方面扮演了重要的角色。因此，教师提供个性化的经验就显得尤为重要。此外，发展儿童主动性，培养儿童自信、灵活、坚持不懈地解决问题的品质也很重要。该书介绍了学习品质的重要性、教师的一般性支持策略和具体关键发展指标（主动性、计划性、专注性、问题解决、资源利用和反思）的内容及支持策略。

6.《社会性和情感发展：关键发展指标与支持性教学策略》

社会性和情感发展是高瞻课程模式的一项重要内容。儿童如何看待自己以及与他人的联系是其整体学习和发展的一个关键组成部分，而且有研究表明，儿童对自己的感觉及与他人的相处会影响他们的身体发育和学业成就。教师在培养儿童形成对自己的积极态度，帮助儿童学会调节情绪，培养儿童解决社会问题的能力以及与他人合作并向他人学习的能力方面，发挥着重要作用。该书介绍了社会性和情感发展的重要性、教师的一般性支持策略和具体关键发展指标（自我认同、胜任感、情感、同理心、集体、建立关系、合作游戏、道德发展和冲突解决）的内容及支持策略。

7.《身体发展和健康：关键发展指标与支持性教学策略》

身体发展和健康是高瞻课程模式的一项重要内容。身体本身就会自然地成长和发育，但是要想完全发育成一个活跃的个体，儿童还需要设计课程的教师的有目的指导。若要支持儿童在这方面的学习，成人就要提供材料和经验，鼓励儿童调用大肌肉和小肌肉，为儿童提供机会进行自我照顾，并与儿童分享关于身体发展和健康的知识。通过一定的支持策略，儿童不仅能健康、茁壮地成长，而且能了解自己的身体，养成影响一生的良好习惯。该书介绍了身体发展和健康的重要性、教师的一般性支持策略和具体关键发展指标（大肌肉运动技能、小肌肉运动技能、身体意识、自我照顾和健康行为）的内容及支持策略。

8.《语言、读写和交流：关键发展指标与支持性教学策略》

语言、读写和交流是高瞻课程模式的重要组成部分。儿童是天生的沟通者。在成长的过程中，他们想要分享观点和聆听世界的热情是显而易见的，从婴儿时期发出的声音和做出的手势，到儿童日益提高的言语技能都能体现出这一点。儿童的语言和读写能力不是通过死记硬背来获得的，而是在社会关系语境和有意义的活动中发展的。知识通过手势、口头和书面交流来传播，因此这些技能对于儿童未来的学习能力至关重要。儿童在能够"通过阅读学习"之前，必须"学习如何阅读"。而幼儿园阶段为儿童日后读写能力的发展奠定了基础。该书介绍了语言、读写和交流的重要性、教师的一般性支持策略和具体关键发展指标（理解、表达、词汇、语音意识、字母知识、阅读、印刷品概念、图书知识、书写和英语语言学习）的内容及支持策略。

9.《数学：关键发展指标与支持性教学策略》

数学是高瞻课程模式教学内容的重要组成部分。学前儿童可以学数学吗？令人振奋的回答是："是的！"研究表明，儿童不仅是有能力的数学家，而且数学中所使用的思想也是其他领域学习的关键。早期数学包括"有多少"之类的提问（数量和运算）、探索形状（几何）、比较大小（测量）、探索模式（代数）和收集信息（数据分析）。成人通过提供材料和动手活动支持儿童的好奇心，让儿童数出一个积木塔的积木数量，用橡皮泥塑形，为洋娃娃找到合适尺码的连衣裙，用贝壳和橡子制作一个模式，弄清楚班级成员最喜欢的零食等。该书介绍了数学的重要性、教师的一般性支持策略和具体关键发展指标（数词和符号、点数、部分－整体关系、形状、空间意识、测量、单位、模式和数据分析）的内容及支持策略。

10.《创造性艺术：关键发展指标与支持性教学策略》

创造性艺术是高瞻课程模式教学内容的重要部分。创造性艺术包含视觉艺术、音乐、律动和假装游戏，在多种层面上吸引着儿童，并通过刺激儿童的智力和情感来帮助发展儿童的生理、知觉和社会技巧。当成人提供了一个儿童可以自由地表达自己的安全环境时，他们才会被激发运用多种艺术形式进行试验。正如儿童反映在自己的作品以及其他的作品上的那样，他们获得关于自己的信息并丰富了看待世界的视角。因为学前儿童正在迅速地形成心理表征能力，发展语言运用能力，并创造概念之间新的联系，所以他们拥有艺术欣赏能力。该书介绍了创造性艺术的重要性、教师的一般性支持策略和具体关键发展指标（视觉艺术、音乐、律动、假装游戏和艺术欣赏）的内容及支持策略。

11.《科学和技术：关键发展指标与支持性教学策略》

科学和技术是高瞻课程模式中教学内容的重要组成部分。儿童是天生的科学家。早期科学教育建立在儿童好奇心的基础上，并通过活动帮助他们理解这个世界是如何运转的。儿童的早期科学和技术学习基于科学探究的模式，这种模式包括提出问题、回答问题以及应用问题解决策略。当儿童提出和回答有关"怎么样""是什么"和"为什么"的问题时，当儿童重新思考期望发生和实际观察到的内容之间的差异时，当儿童使用材料并改变材料来解决问题时，他们便参与到了科学探究之中。学前儿童使用他们正在萌发的观察、交流、表征和推理能力来探索世界，并分享他们的发现。成人可以通过提供操作材料和感官体验活动，有目的地、有效地支持这一进程，从而基于儿童的发现，培养他们的心智习惯和科学思维能力。该书介绍了科学和技术的重要性、教师的一般性支持策略和具体关键发展指标（观察、分类、实验、预测、得出结论、交流想法、自然和物质世界以及工具和技术）的内容及支持策略。

12.《社会学习：关键发展指标与支持性教学策略》

社会学习是高瞻课程模式教学内容的重要内容之一。儿童如何认识自己并适应社会生活，教师做什么才可以帮助儿童成长为一个对社会有价值的人？社会学习不仅影响儿童的责任感，还影响他们适应社会的能力。随着儿童社会学习意识的增长，儿童逐渐建立起社会规则意识，学习社会文化习俗以及与他人沟通交流的方法和策略。儿童开始逐渐了解他人是如何生存，在哪里生活，如何适应这个社会的。该书介绍了社会学习的重要性、教师的一般性支持策略和具体关键发展指标（多样性、社会角色、决策、地理、历史、生态）的内容及支持策略。

◇ 第三辑

13.《学前儿童观察评价系统》

《学前儿童观察评价系统》是高瞻课程模式的最新儿童观察评价工具，具有发展适宜性、高信度、高效度等特点。它包括8个领域的内容：学习品质，社会性和情感发展，身体发展和健康，语言、读写和交流，数学，创造性艺术，科学和技术，社会学习。另外还有一个英语语言学习领域（针对母语非英语的儿童）。这些领域的评价条目与学前儿童关键发展指标相呼应，共计36个。

该书介绍了上述每个领域的评价方法，提供了8个连续发展的水平层级。该系统可供评价不同发展水平的儿童，既可以评价有特殊需求的儿童，也可以评价在一些领域发展较快的儿童。为了帮助观察者能可靠而妥当地使用这一系统，书中对每个领域、每个条目、每个发展水平都有简短的说明。每个方法栈水平均有两个逸事记录案例，用以对儿童的行为进行解释，因此它是具有实操性的儿童评价系统。

14.《学前教育机构质量评价系统》

这是一个用来评价学前教育机构质量、确认员工培训需求的评价工具，由高瞻教育研究基金会开发，适用于所有学前教育机构。该系统可以识别有效促进儿童发展、鼓励家庭和社区参与以及为员工创造一个支持性的工作环境的结构性特征和动态关系。

该系统从班级和机构两个层面考查质量，其中班级层面条目侧重于考查教师日常教学工作的质量，包括学习环境、一日生活流程、师幼互动、课程计划和评价。评价者主要通过观察真实的课堂活动、访谈教师等获得评价信息。机构层面条目侧重于考查整个学前教育机构的质量，包括家长参与和家庭服务、员工资质和员工发展、机构管理。评价者主要访谈主管、教师和家长等相关人员获得评价信息。它是一套较为完备的学前教育机构质量评价系统。

三、高瞻课程模式的主要经验

高瞻课程模式效果惊人，长达40多年的追踪研究证实了该课程方案的有效性和优质性，这使得高瞻教育研究基金会满怀信心地在全美乃至全球推广其课程方案。正如戴维·韦卡特（David Weikart）本人所宣称的，高瞻课程模式面对众多挑战都是有所准备的，因为高瞻课程模式：①有着一个具有内在一致性的理论基础；②被多年研究证明是有效的；③能在广泛的范围内应用；④在不同实践条件下的实践工作者都能够清晰地说明这个课程模式；⑤有着一个有效的教师培训系统，可以支持该课程模式在全球范围内的复制；⑥有着一个广泛定义儿童学习结果的评价系统。对于我们今天的幼儿园课程改革来说，高瞻课程模式可供借鉴的经验可能主要表现在以下两大方面。

（一）建构关注"公民—能力—技术—过程—进阶—持续"的综合育人课程体系

1. 重视公民教育，以培养国家公民为社会学习的落点

社会学习涉及儿童对社会规范和习俗等的认识，以及与他人互动交往的技能，儿童经由社会学习成为集体的一员。高瞻社会学习领域包括6个关键发展指标，分别是多样性、社会角色、做出决策、地理、历史和生态。"多样性"是指"儿童理解人们有不同的特征、兴趣和能力"，即帮助儿童理解与适应社会的多样性。"社会角色"是指"儿童了解人们在社会中具有不同角色和作用"，即帮助儿童了解社会成员的构成及不同社会成员承担的责任，发展角色之间初级的互惠关系。"做出决策"是指"儿童参与做出班级决策"，即引导儿童成为集体中的一员并自主参与讨论、发表观点并解决问题。"地理"是指"儿童识别和解释其所处环境的特征与地理位置"，即引导儿童探索周围的地理环境，熟悉位置，了解生活环境的特征及其对人类生活的影响。"历史"是指"儿童理解过去、现在和未来",即帮助儿童利用逻辑来理解个体的时间与社会的时间。"生态"是指"儿童理解保护其所处环境的重要性",即指向引导儿童发展对自然的热爱,进而成为地球的保护者,建立良好的人与自然的关系。

高瞻课程模式中社会学习发展指标指向公民素养的培养,儿童关于社会学习的知识获得,建立在与不同的人(拥有不同背景、兴趣和技能的教师和同龄人)、广泛的材料(假装道具、书)、日常和特殊活动(实地旅行、庆祝活动、小组决策、分担对教室娱乐空间的责任)互动的基础之上。首先,从儿童个体层面来说,社会学习有助于培养儿童形成关于社会、正义、民主的基本观念,发展作为公民的民主品格基本特质。其次,从儿童与他人的关系层面来说,社会学习培养儿童作为集体成员参与社会公众生活,通过观察与体验群体行为获得社会学习的知识与技能,与家庭、社会中的人建立联系,了解与接纳人在背景、能力、外观等方面的多样性,理解社会生活中不同的角色及角色间的关系,形成集体认同感,尊重集体成员,并形成自己解决问题的看法与观点,从而发展作为公民在民主参与上的基本特质。最后,从儿童与社会和自然的关系层面来说,社会学习培养儿童理解社会的历史变迁,理解人与周围环境及更大的自然环境之间的关系,具备作为公民在国家与民族认同和社会责任上的基本特质。

高瞻课程模式社会学习领域以培养国家公民为落点,包括6项特定的学习内容,遵循从简单到复杂、从关注自己到关注社会中的关系的发展过程,通过帮助儿童构建社会理解和行为的一般原则,认识到个人行为可以对世界产生积极影响等支持策略,帮助儿童融入集体,与他人互动。

2. 秉持主动学习理念,凸显学习品质的涵养

儿童的主动学习是高瞻课程模式的灵魂与支柱。高瞻课程模式一直呼吁并秉持儿童主动学习理念,帮助儿童发展关键经验,并将学习品质领域单独列出,放在儿童关键发展指标的首位,足见其对涵养儿童学习品质的重视。高瞻学习品质领域共包含主动性、计划性、专注性、问题解决、资源利用与反思6项关键发展指标,均为儿童毕生受益的良好品质。在高瞻课程模式的实施过程中,教师试图用主动学习这把钥匙帮助儿童开启提升学习能力与涵养学习品质的大门。

高瞻课程模式指出儿童主动学习的发生条件主要包括5个要素,即材料、

操作、选择、儿童的语言和思维、成人的鹰架。这5个要素均体现了对学习品质的涵养。要素一，材料。高瞻课程模式强调幼儿园应该为儿童提供充足、多样化且适宜的开放性操作材料，并结合高、低结构的材料满足儿童的需要，操作材料不仅能够激发儿童的好奇心和求知欲，还能调动儿童多感官的参与，使其对活动产生高度的热情与广泛的兴趣，从而发展主动性学习品质。要素二，操作。高瞻课程模式强调应关注儿童对材料的直接操作与感知。儿童在摆弄操作材料时会建构相关的知识与经验，不断发现新玩法，不断激发儿童新的操作与探索。马里奥·希森博士（Marilou Hyson）指出，活动中的成功体验、由操作和学习产生的愉悦情绪，会很大程度上影响儿童的学习情感和态度，使儿童能够投入到操作活动中，其专注性、问题解决等学习品质也会得到相应的涵养。要素三，选择。高瞻课程模式强调儿童有选择感兴趣的活动、材料与伙伴的权利，他们可以根据自己的兴趣与需要去调整计划与活动。要素四，儿童的语言与思维。儿童在学习过程中使用语言或非语言的形式进行交流，表达自己的思想与情绪，解决活动过程中存在的问题，对自己的活动过程进行回顾与反思。儿童行为的变化与调节反映了其语言与思维的发展，在此过程中儿童的学习能力得到发展，问题解决与反思等学习品质也能够得到一定的涵养。要素五，成人的鹰架。高瞻课程模式强调教师可以在充分了解儿童现有水平的基础上，综合考虑支持儿童主动学习的五大要素，尊重、鼓励并引导儿童向更高水平发展，让儿童能够主动尝试，不断建构有意义的新经验，进一步发展儿童的学习能力，涵养儿童的学习品质。

计划—工作—回顾是高瞻课程模式中重要且不可或缺的内容。这3个环节彼此衔接、环环相扣，构成活动与教学的基本组织形式，贯穿于幼儿园的一日生活中，使儿童在活动中能够逐渐成为活动的"主人"，自信心与自我效能感不断提升。儿童的学习由此成为一个可控且可预测的过程，成为主动学习和涵养学习品质的保障机制。其中，计划环节旨在给儿童一个表达他们想法和意愿的机会，培养儿童的主动性和进取心。儿童通过与教师的交流并在教师的支持下对自己的活动进行规划，当儿童真正能够将自己的想法和计划付诸实践时，其主动性与计划性的学习品质便得到了提升，社会性和思维也获得了发展。工作环节旨在给儿童提供一个将自己的计划付诸实践的环境，培养儿童的主动学习能力。儿童充分利用周围的材料，不断对新的想法进行尝试与验证，在此过程中，主动性、专注性、问题解决及资源利用等学习品质得到进一步涵养，多元环境也能促进儿童的全面发展。回顾环节是儿童与教师、同伴一起对"工作"过程进行回忆与分享。在此过程中儿童的学习品质得到进一步发展。

高瞻课程模式不仅秉持主动学习理念，而且还将主动学习真正操作化，通过丰富的教师支持策略及案例的呈现，展现教师具体的支持儿童主动学习的方法，让儿童的学习能真正从被动性接受转变为主动性学习。教师在遵循高瞻课程模式"三步走"的基础上，重视"五要素"及其在活动开展过程中的协同作用，围绕儿童关键发展指标，引导儿童获得良好体验，做主动的学习者，不断提升学习能力，并使学习品质得到充分涵养，最终使儿童能够达到愿意学习、乐于学习并善于学习的状态。

3. 关注科学方法和技术工具，推动科学技术的整合

科学和技术几乎渗透在现代生活的方方面面，是应对人类当前和未来许多最紧迫挑战的关键。美国一直将科学教育视为培养创造性人才、保持国际竞争力的关键教育领域，并不断审视时代发展需求和国际竞争环境，对科学教育提出新的要求。针对当前科学教育存在的广而不深（a mile wide and an inch deep）、难以帮助学生在"有限"的时间里应对"无限"的自然科学知识的弊端，美国明确了科学教育应该以少数"大概念"（big idea）为抓手的科学教育理念，旨在通过帮助学生建构起对"大概念"的深入理解来整合科学知识，进而达成对学生良好科学素养的培养。高瞻课程模式在学前教育阶段中有力落实了科学知识"整合"的这一要求，主要体现在3个方面。

第一，高瞻课程模式肯定了儿童强大的科学认知和学习能力，肯定儿童天生就有好奇心，天生就有解释和应对世界的科学和数学技能。高瞻课程模式认为，儿童能够通过游戏整合学习科学、技术、工程和数学（STEM）概念；能够通过探索、实验、发明、设计和测试解决方案，形成关于世界如何运作的想法，有能力进行实验，收集数据，并得出结论；能够在科学探究中发现自然世界和掌握科学探究的技能，不断构建起对整个科学和技术世界的完整认识。第二，高瞻课程模式构建了完整的学前科学教育内容体系，明确了那些能够帮助儿童整合认知科学世界的科学教育内容，即科学和技术领域的关键发展指标，如关键发展指标"自然和物质世界"中的种种科学大概念——自然和物质世界的特性与变化过程（动物和植物的特性、坡道与岩石的特性、生长与死亡的过程、结冰和融化的过程）、自然世界变化、因果关系、对人类生活有意义的循环过程等。这些科学内容不指向任何零散的、需要记忆的事实性知识，而是指向科学知识与儿童生活、人类发展间的意义联系，儿童无法通过死记硬背的方式理解这些科学内容（例如因果关系、循环过程），只能不断感受和体验这些科学大概念下广泛的相关经验（例如在观察探究动植物完整的生长历程中感受生长和死亡的过程）。高瞻课程模式所确定的这种强调"过程性体验"才能获得的大概念能够引导教师在实际教学中切实关注儿童的经验与体验，关注儿童对科学世界的整体性感知和理解，防止科学教育走向强调记忆的"小学化"误区。

第三，在科学教育的过程与方法上，高瞻课程模式强调环境的营造，引导儿童自主地进行科学探究。高瞻课程模式认为，儿童自身的主动探究才是其科学学习的主体方式。成人并不需要通过劝诫去吸引儿童参与科学探究，因为自然存在的物体和科学现象能自然而然地吸引儿童。成人的主要任务不在于向儿童灌输零散的科学常识，而是通过提供一个吸引人的、包含科学探究各种条件要素的环境支持儿童的科学游戏和科学探究，支持儿童在这种环境中探索、构建和提问。高质量的科学学习环境能够支持儿童在探究、观察、提问、形成假设、调查、收集数据、得出结论的过程中不断增强对科学的好奇心和求知欲，不断展开新的科学探究尝试。

高瞻课程模式关注科学方法和技术工具以了解世界并推动科学技术的整合，聚焦于科学和技术领域的观察、分类、实验、预测、得出结论、交流想法、自然和物质世界、工具和技术8条关键发展指标，将科学探究的内容、过程与方法整合起来支架儿童的科学探究，儿童在探究中不仅自然而然地认识和掌握了科学探究的内容、过程、方法、工具等，还提升了科学探究能力，同时体验到科学方法、工具和技术在人类认识科学世界中发挥的巨大作用，进一步萌发了科学探究的热情和兴趣。

4. 重视教育过程并实现过程要素化和要素策略化

高瞻课程模式的教学实践呈现了课程模式的实践者为儿童提供主动参与式学习经验时所经历的过程和所使用的方法策略，由师幼互动、学习环境创设、一日生活流程、与家长合作、教职工合作5部分组成。需要指出的是，高瞻课程模式的教学实践所关注的5个部分正是幼儿园教育中的过程部分，从有意图的环境创设，到相对稳定的一日生活流程，到师幼互动，再到家庭与教职工的支持，完整呈现了儿童在幼儿园中的一日生活流程及发展进程，是对教育过程的高度重视。

教学实践，尤其是教学实践中的师幼互动、学习环境创设、一日生活流程、与家长合作、教职工合作的每个部分都包含着更加细化、可操作的基本要素和基于要素的具体策略。第一，师幼互动关注支持性互动关系的建立，分享控制是师幼互动的核心。学习不是成人向儿童提供信息，而是分享控制的过程，儿童在过程中与人、物、事件和想法直接互动。支持性互动关系的基本要素包括和儿童分享控制、关注儿童的优点、和儿童建立真实的关系、支持儿童游戏、鼓励而不是表扬儿童、采用问题解决法解决冲突，每个要素之下分别呈现了具体的教学策略。例如，"和儿童分享控制"这一要素之下的一个教学策略是"应儿童的要求参与活动，即教师按照儿童的提示进行游戏和交流"。第二，学习环境创设探讨幼儿园室内外空间如何考虑儿童的发展需要，并为儿童创设积极的学习环境。学习环境创设的基本要素包括设置学习环境、选择设备和材料，每个要素之下分别呈现了具体的教学策略。例如，"选择设备和材料"这一要素之下的一个教学策略是"材料多样、开放且充足"，因为儿童的兴趣各异，需要各种各样的材料来进行游戏与学习。第三，计划—工作—回顾是一日生活流程的核心，也是高瞻课程模式的另一个标志。一日生活流程的基本要素包括计划时间、工作时间、回顾时间、集体活动时间，每个要素之下分别呈现了具体的教学策略。例如，"计划时间"这一要素之下的一个教学策略是"鼓励儿童交流想法、选择和决定"。第四，家庭是儿童学习的第一个也是最重要的来源，与家长合作重在促进家庭参与。促进家庭参与的基本要素包括审视自己的家庭背景、信仰以及态度，了解儿童及其家庭的传统，与家长分享儿童的在园情况，让家长对儿童拥有较高的期望,每个要素之下分别呈现了具体的教学策略。例如,"了解儿童及其家庭的传统"这一要素之下的一个教学策略是"主动与家长接触"。第五,教职工合作关注的是教职工之间的协作,以更有效地促进儿童的发展。教职工协作的基本要素包括建立团队、收集儿童的信息、制订每日团队计划、员工支持和管理策略,每个要素之下分别呈现了具体的教学策略。例如,"制订每日团队计划"这一要素之下的一个教学策略是"利用团队中每个人的长处"。

高瞻课程模式重视教育过程并实现过程的要素化和要素的策略化,聚焦教育过程中的师幼互动、学习环境创设、一日生活流程、与家长合作、教职工合作5个方面,并对每个方面匹配了相应的支持策略,以此支架儿童的发展,引领教师的行动,鼓励家庭的参与,在过程中实现家园社协同育人。

5. 重视鹰架策略并实现鹰架系统化和策略进阶化

高瞻课程模式以主动学习为基本理念,其中成人鹰架是主动参与式学习的5个要素之一。成人鹰架是指成人支持并适当拓展儿童当前的思维和理解水平,帮助儿童获得知识,发展创造性地解决问题的技能。需要指出的是,高瞻课程模式对于鹰架策略的认识并没有停留在基本理念上,而是将鹰架策略落实在教学实践、教学内容、发展评价与教师专业发展全过程之中,真正运用基本理念引领整个课程模式,凸显对鹰架策略的重视,实现鹰架策略的系统化和进阶化。

鹰架策略,尤其是涉及教学内容的鹰架策略,是由一般支持策略、具体支持策略和持续支持策略构成的不断进阶的策略系统。一般支持策略只指向某一学习领域,用于鹰架儿童某领域的学习,具有一般意义和普遍适用性。例如,"建立一日生活流程,允许儿童表达多种学习风格与偏好"是促进儿童"学习品质"领域发展的一般支持策略。具体支持策略不仅指向某一学习领域,而且指向该领域的某一关键发展指标,用于鹰架儿童某领域中的某一关键发展指标的学习,具有专门性和针对性。例如,"在全天活动中提供有意图地进行选择的机会"是"学习品质"领域之下的关键发展指标"计划性"的具体支持策略。持续支持策略不仅指向某一学习领域和该领域的某一关键发展指标,而且指向关键发展指标的不同水平,用于鹰架儿童的持续发展,由于最初的水平不同,持续支持策略往往以鹰架策略表的形式呈现，是一套基于连续发展水平的连续支架策略，具有操作性和进阶性。

高瞻课程模式重视鹰架策略并实现鹰架策略的系统化和进阶化，形成了由一般性的支持策略、具体性的支持策略和持续性的支持策略组成的具有普适性、针对性和操作性的系统化、进阶化策略体系。

6. 重视教师岗位胜任力并将主动参与式学习贯穿培训始终

高瞻课程模式从20世纪60年代以来就一直致力于培训教师，从80年代开始培训教师培训者。高瞻课程模式在持续的研究中认识到，最好的专业准备能够鼓励教师反思学到了什么以及如何将所学运用到工作中。反思的目的在于发现如何将学到的东西转化成实践，只有当教师参加的课程或培训是专门针对儿童发展、学前教育课程和评价以及学前教育教学实践时，培训才是最有效的。同时，高瞻课程模式不仅促进儿童的主动学习，也促进成人的主动学习，成人不仅要懂得课程是什么、为了什么，更需要懂得怎样进行教学实践。

高瞻课程模式鼓励教师参加关于儿童发展、教学实践和评价的培训，在学习时发挥能动性，将学到的东西与自身工作和家庭生活联系起来。第一，在提升教师的岗位胜任力方面，高瞻课程模式为参训教师提供文本资料、视听材料、学习指导和评价工具，参训教师通过工作坊、实践、作业、现场访问等方式掌握高瞻课程模式的应用性知识。线下和线上的工作坊包括学习理论、实践和评价，包含大量的分享和反思的机会；实践有助于参训教师应用他们学到的东西；作业有助于参训教师学习并内化高瞻课程模式的核心要素。教师会在现场获得及时的反馈与指导。第二，在成人主动学习方面，高瞻课程模式明确了培训中成人主动学习的五大原则，分别是内容整合、适合成人学习、显性课程、分散学习和跟进机制。内容整合关注的是培训主题依据逻辑顺序建构，是知识、技能的系统化呈现，有助于建立一套有关儿童发展和教学实践的整体框架；适合成人学习关注的是发挥参训教师的主观能动性，基于培训主题为成人开展"做中学"工作坊；显性课程关注的是课程有以书面形式呈现的课程理念、儿童发展理论以及促进和评价儿童学习的教学策略；分散学习关注的是适宜的时间跨度，确保参训教师可以试验新学的东西，观察什么有用，什么没用，并将成功的经验和遇到的问题带到小组中讨论；跟进机制关注的是及时的现场反馈与指导和培训结束之后形成的内部"传帮带"团队。

高瞻课程模式重视教师岗位胜任力并将主动参与式学习贯穿培训始终，要求教师不仅要懂得课程是什么、为了什么，更需要懂得怎样进行教学实践，通过工作坊、实践、作业、现场访问等方式提升教师的理论能力、教学实践能力和反思能力，促进教师岗位胜任力的全方位提高。

（二）建构基于"目标—条件—过程—内容—评价—教师"的可持续发展课程体系

1. 以支持儿童学会主动学习为基本价值取向和主要教育目标

科学研究表明，在整个生命周期里，大脑有不断改变、形成新连接的能力（被称为"可塑性"）。因此，在人的一生中，主动学习都发挥着至关重要的作用。儿童不断"建造"或是"构建"他们的知识世界，他们通过自己对人、物、事及观念的直接探究，了解世界是如何运作的。因此，高瞻课程模式基于科学家、心理学家及教育学家对儿童发展的理论研究，提出"主动学习"这一理念。在高瞻课程模式中，主动学习被定义为儿童通过直接操作物体，在与成人、同伴、观点以及事件的互动中，建构新的理解的学习过程。也就是说，在高瞻课程模式开发者眼中，没有人能够代替儿童获得经验或建构知识，儿童必须通过自己的主动学习获取经验并建构知识。高瞻课程模式最重要的教育目标就是通过促进儿童主动学习，促进儿童发展自我意识、社会责任感、独立意识与独立性、好奇心，以及决策、合作、坚持、创新和问题解决能力。

高瞻课程模式并没有将主动学习停留在空泛的理念和概念表述上，也没有停留在静态的目标和要素呈现上，而是把主动学习理念具化为"主动学习轮"，并进行了操作化的执行和表现，同时提供了保证主动学习轮有效运转的必要条件——主动学习五要素，即材料、操作、选择、儿童的语言和思维、成人鹰架。

在学习轮中，主动学习位于中心位置，可见高瞻课程模式强调儿童主动性的重要性以及对关键发展指标教育内容的全面重视。围绕培养儿童主动学习这一中心的4个扇形则代表教师在与儿童互动时的四大职责，包括参与支持性的师幼互动、创设有挑战性的学习环境、建立稳定的一日生活流程以及开展持续性评估用来做计划以及满足儿童的需求。

总之，高瞻课程模式以支持儿童主动学习为基本价值取向与主要教育目标，为了促进儿童主动学习，教师应重视支持性师幼互动、挑战性区域环境、稳定的一日生活流程以及持续评估与计划。具体来说，教师应精心提供适宜的材料、计划活动并与儿童交谈，开展由儿童发起的——建立在儿童自发的好奇心之上——又是发展适宜性的，即与儿童目前的、即将出现的能力相适应的活动，为儿童提供选择的空间与机会，引导儿童讲述自己的经历，并一步一步支持儿童实现主动学习。

2. 以为儿童提供支持性的学习环境为基本资源依托和主要教育条件

创设支持性的学习环境是高瞻课程模式支架儿童主动学习与发展的资源依托和主要教育条件。高瞻课程模式认为，适宜的学习环境对儿童身体、智力、情感、社会性等多个方面的发展都有重要作用。传统的早期教育课程方案虽然也意识到环境创设对儿童发展的重要性，但往往会走向两种极端——放任主义氛围和指导性氛围。在放任主义氛围中，班里基本没有什么结构或一日生活流程，缺少目的性和引导性，容易让儿童的学习变得浅表和低效；在指导性或成人控制的氛围中，教师告诉儿童做什么和什么时候做，具体的学习技巧和概念的教学备受重视，这种学习氛围虽然肯定了教师引导对儿童发展的促进作用，但忽视了儿童的主体性和能动性，容易走向"知识化"和"小学化"误区。高瞻课程模式所倡导的支持性学习氛围有效平衡了以上两种极端的环境创设模式，在这种支持性的学习环境中，教师和儿童分享控制整个学习过程；教师在儿童探索时所需要的自由与为安全做出的限制之间达成一种平衡；教师提供的材料和经验既建立在儿童的兴趣之上，又可以促进其学习；儿童与儿童之间、儿童与材料之间、儿童与教师之间持续发生着积极的互动，鼓励儿童自由地学习和探索，在各个领域都取得进步和发展。

高瞻课程模式依照儿童的兴趣将儿童学习和活动的空间划分为不同的区域，包括积木区、娃娃家、艺术区、玩具区、读写区、沙水区、木工区、律动和音乐区以及户外区（因为数学和科学是探索各区域的材料，所以高瞻课程模式没有特设的数学和科学区）。在一日生活流程的计划环节，儿童可以自由选择区域开展活动。每个区域都有足够的活动空间并投置了丰富多样的材料，材料是充足的，以便多名儿童能够同时在某一特定区域进行游戏；材料是生活的，它们真实地反映了班上儿童在文化和语言上的多样性，显示教师对儿童家庭及其家庭生活的重视；材料是支架式的，儿童可以在区域中利用提供的材料，开展各种游戏、实验和探究活动，不断内化活动中体验的知识和经验。

总之，高瞻课程模式正是通过精心细致的支持性学习环境创设，最大限度地激发儿童的探索欲望和主动学习的热情，让儿童在环境潜移默化的影响下成长。

3. 以一日生活流程、计划—工作—回顾为基本实施思路和主要教育过程

高瞻课程模式以支持儿童学会主动学习为基本价值取向和主要教育目标，以一日生活流程、计划—工作—回顾为基本实施思路和主要教育过程。高瞻课程模式非常重视儿童自主性的发挥，鼓励儿童主动参与并计划、实施一日生活活动并进行反思与回顾。

高瞻课程模式为儿童的主动学习创设了具有连续性与灵活性的一日生活流程，主要包含以下环节：问候时间、计划时间、工作时间、清理时间、回顾时间、点心时间、小组活动时间、大组活动时间和户外活动时间。一般情况下，儿童的一日安排作息表都会张贴在儿童活动区域中较为醒目的位置，儿童能清楚了解到各环节的顺序和每个环节的时间长短。其中，各环节的顺序可以根据时间和课程设置结构进行灵活调整，而计划—工作—回顾的顺序不能颠倒。这个活动循环配合问候时间、小组活动时间、大组活动时间以及户外活动时间等共同构成了高瞻课程模式的一日生活流程，是儿童进行自我计划、自我实施和自我反思的过程，也被视为高瞻课程模式的"发动机"。在高瞻课程模式一日生活流程的安排与计划—工作—回顾过程之中，儿童可以在同一时间段中进行各种不同的活动与游戏，丰富的活动材料、充足的活动时间与多样化的分组活动方式也为儿童进行探究活动以及各种经验的获得提供了保障，儿童可以随时与教师、同伴就自己进行的"工作"进行交流并寻求帮助。

综上，高瞻课程模式以一日生活流程的安排与计划—工作—回顾的循环为其基本实施思路与主要教育过程，帮助儿童发展目标意识与主动学习的能力，并促使其真正成为活动的主动参与者与自我经验的建构者。

4. 以系列关键发展指标及其水平层级为基本进阶指引和主要教育内容

高瞻课程模式的教育内容被划分成相互独立、相互依赖的8个领域，并围绕着8个内容领域确定了58条关键发展指标。关键发展指标不仅包括知识，还包括知识的应用，是儿童发展各阶段中思维和推理的基石，是儿童持续发展的基本进阶指引，是儿童发展的"关键经验"，具有直接获得性、发展意义性、发展连续性和循证教育性的特点。第一，直接获得性代表高瞻课程模式主张为儿童提供直接操作的机会，让儿童通过与材料和他人互动得来"具体"经验，并逐渐形成抽象概念。高瞻课程模式的核心——儿童的主动学习，就是强调儿童通过直接操作物体，在与他人、物体、事件和想法的互动中建构新的理解的学习过程。第二，发展意义性代表"关键经验"，指向经验的基础性、稳定性，是儿童应该学习和了解的基本内容；指向经验的必要性、重要性，是儿童发展过程中必不可少的、必须学习和掌握的内容；指向经验的普适性，在世界不同国家、不同文化中，有着不同背景的儿童都会经历。第三，发展连续性是指儿童的学习遵循某种顺序，会从简单的知识、技能学习过渡到更为复杂的知识、技能学习，每种关键经验既会从过去的经验中吸纳某些东西，同时又以某种方式改变未来经验的性质，展现儿童学习与发展的连续性过程。第四，循证教育性是指教师认识到不同儿童发展不同，即使是同一名儿童在不同领域的发展也会有所不同，所以教师要观察儿童，以此为基础开展教育，同时在儿童沿着发展轨迹前进时逐渐扩展儿童的知识和思维，支持儿童获得在各学习领域的关键经验。这一持续的循环能够让儿童的学习过程看得见，也让教育的过程看得见。

总之，基于高瞻课程模式内容领域的关键发展指标及其水平层级指向儿童学习与发展中"关键"的"经验"，其直接获得性、发展意义性、发展连续性、循证教育性共同构成了关键经验的丰富内涵和特征。在此基础上，关键发展指标成了幼儿园教师组织活动的内容框架，成了教师观察和研究儿童的指标，以及基于这些指标改进和完善教育教学活动的依据，也成了提升幼儿园课程质量的核心。

5. 以儿童产生高度热情和广泛兴趣为基本评价框架和主要教育效益

高瞻课程模式中的"高瞻"关注的是让儿童具有高度的热情和广泛的兴趣,指向儿童的主动学习。同时,必须指出的是,高瞻课程模式的含义绝不仅限于此。高瞻课程模式是"主动学习""在活动中学习""在获取关键经验中学习""真实性评价"等世界主流学前教育理念的倡导者和践行者,有独到的且有影响力的课程价值取向、课程框架、课程方法、课程组织形式和课程评价体系。尤其是在评价体系方面,高瞻课程模式以儿童在活动过程中产生高度热情和广泛兴趣为基本评价框架和主要教育效益,形成了《学前儿童观察评价系统》和《学前教育机构质量评价系统》等评价工具。

高瞻课程模式通过针对儿童和机构的两套综合性的评价工具来检验和改进课程。其中《学前儿童观察评价系统》评价儿童各个内容领域的学习,在评价儿童发展的基础上为个别儿童或全班儿童制订活动计划,促进儿童进步;《学前教育机构质量评价系统》评价教师和机构是否实施了有效的课程,有哪些做得好的地方和应改进的地方。具体而言,第一,《学前儿童观察评价系统》从学习品质,社会性和情感发展,身体发展和健康,语言、读写和交流,数学,创造性艺术,科学和技术,社会学习8个领域(外加英语语言学习)来评价儿童的早期发展。这8+1的领域中所包含的36个评价项,涵盖了儿童早期发展中的关键经验。以儿童在活动过程中产生高度热情和广泛兴趣为基本评价框架和主要教育效益,主要体现在在所有领域中对儿童进行发展评价时,考察儿童是否获得了积极学习品质的涵养,是否在分享控制过程中通过与他人、物体、事件和想法直接互动获得各个领域的相关知识与技能,是否在主动学习要素的支架下学会了主动学习。第二,《学前教育机构质量评价系统》分为班级层面和机构层面,共包括7个领域63个评价项,其中,班级层面侧重于考察幼儿园教师日常教学工作的质量,包括学习环境、一日生活流程、师幼互动、课程计划和评估,评价者主要通过观察真实的课堂活动和访谈教师等,获得评价信息;机构层面条目侧重于考察整个学前教育机构的实施情况和质量,包括家庭参与和家庭服务、员工资质和员工发展、机构管理,评价者主要通过访谈学前教育机构管理者、教师、家长等相关人员,获得评价信息。以儿童在活动过程中产生高度热情和广泛兴趣为基本评价框架和主要教育效益，主要体现在教师是否支持儿童积极学习品质的涵养，是否在分享控制，是否为儿童创设了主动学习的环境，一日生活流程是否稳定并支持儿童主动学习与发展，机构或课程是否关注家园社育人的合力等。

综上，高瞻课程模式以儿童在活动过程中产生高度热情和广泛兴趣为基本评价框架和主要教育效益，是理性光辉和实践智慧的相辅相成，是儿童发展与教师发展的交相辉映，是儿童、教师、家庭和机构共同发展的相得益彰，是实践性课程、反思型教师和发展性评价的三位一体。

6. 以帮助教师通过主动学习胜任岗位和岗位进阶为基本启动范式和持续质量保障

研究表明，教师接受正规教育和专门培训的层次越高，就越有可能在课堂上使用合适的教学策略。经过适宜的教育和培训的教师能使用他们学到的东西去指导实践，做出对每名儿童以及整个班级最佳的决定。高瞻课程模式不仅重视促进儿童的主动学习，而且重视主动参与式学习对教师专业发展的价值，以帮助教师通过主动学习胜任专业岗位和持续岗位进阶为基本启动范式和持续质量保障。

主动学习是高瞻课程模式的基本理念，高瞻课程模式强调儿童的学习是主动参与式的，即儿童通过直接感知、实际操作和亲身体验来理解事物，与他人、物体、事件和想法互动，获得新的见解。为了培训教师，高瞻课程模式也同样采用了主动参与式学习法，即参与培训的教师不仅要阅读理论和开展研究，还要练习课堂中使用的各种教学策略，还要反思哪里做得对，哪里做得不对，与同事讨论学习经验。当参训教师学习及实施课程时，高瞻课程模式的认证培训师会对其提供反馈和支持。以帮助教师通过主动学习胜任专业岗位和持续岗位进阶为基本启动范式和持续质量保障，主要体现在高瞻课程模式特别注重教师的专业发展，鼓励教师在参与培训的过程中发挥主观能动性，制订计划，完成作业和应用活动，并对他们学到的东西进行反思。同时，为保证质量，高瞻教育研究基金会根据一系列严格的标准对教师和培训者以及机构进行认证，鼓励教师制订自己的持续性专业发展计划。如要成为高瞻认证教师，申请教师必须先注册，然后参加课程学习（或接受相当的培训）并完成全部作业，接着必须在《学前教育机构质量评价系统》班级层面的条目上获得高分，同时收集逸事并完成两篇观察记录，完成一系列计划表，记录和反思自己的实践。要成为高瞻认证培训师，申请教师必须同时完成高瞻课程学习（或接受相当的培训）和培训者培训，在课程实施和培训者培训方面的知识和技能符合认证要求，包括在课程中完成报告和作业，实施《学前儿童观察评价系统》和《学前教育机构质量评价系统》，开设工作坊，在培训现场对员工进行成功的指导和观察/反馈。要成为高瞻认证机构，机构所有骨干保教人员必须是高瞻认证教师，而且必须与一位高瞻认证培训师保持持续合作，同时机构必须在《学前教育机构质量评价系统》班级层面和机构层面的条目上获得高分。通过认证帮助教师规划自己的持续性专业发展之路，既是教师基于工作岗位的持续进阶发展，也是教师与机构的发展互惠。

综上，高瞻课程模式通过主动参与式学习培训和严格的认证方法，帮助教师胜任专业岗位和持续岗位进阶，进而为儿童发展、教师发展和机构/园所发展提供持续的质量保障。

四、借鉴高瞻课程模式经验与建构中国本土幼儿园课程模式

（一）借鉴的理论基础与思考：明晰我国幼儿园课程借鉴历程与本土化阶段重点

英国著名学者戴维·菲利普斯（David Phillips）就国际教育政策和教育实践借鉴提出教育借鉴理论和教育借鉴模型，旨在帮助人们更好地理解和解释教育借鉴的复杂过程，并不限定于教育政策领域。教育借鉴过程包括跨国吸引、决策、实施、内化或者本土化等4个阶段。其中，跨国吸引阶段主要用来解释一个国家会被另一个国家的教育政策和实践吸引的内在动力和外化潜力分别是什么；决策阶段主要解答的问题是外国教育产生的吸引力如何作用于本国的教育决策和实践；实施阶段的重点在于说明从别国借鉴而来的教育政策或实践是如何在本国施行的；内化或本土化阶段则指外来的政策或实践逐渐融为本土教育体制的一部分。可以说，我国幼儿园课程从无到有的百年历程就是一个向外

国不断借鉴的过程——从"以日为师"到"以美为师"到"以俄为师",再到新一轮的"以美为师"——而且都或完整或不完整地经历了跨国吸引、决策、实施、内化或者本土化这4个阶段。4个阶段中内化或本土化阶段一直是我国幼儿园课程关注和思考的重点。陈鹤琴先生曾针对20世纪二三十年代"中国幼儿教育美国化"问题,指出:当时中国所有的幼儿园,差不多都是美国式的。这并不是说美国化的东西是不应当用的,而是因为两国国情上的不同,不应当完全模仿。尽管在美国是很好的教材和教法,但是在我国采用起来到底有许多不妥当的地方。要晓得我们的小孩子不是美国的小孩子,我们的历史、我们的环境均与美国不同,我们的国情与美国的国情又是不一样的,所以他们视为好的东西,在我们用起来未必都是优良的。

特别是自20世纪80年代以来,我国幼儿园课程改革的历程更是一个西方幼儿园课程模式"你方唱罢我登场"的热闹局面,从蒙台梭利教育法,到瑞吉欧的方案教学,再到光谱方案和高瞻课程模式,这些课程模式都曾在中国产生影响并红极一时,而且无一例外,这些课程模式都在进入中国以后进行了本土化实践,同时也面临着本土化的困境。我们在经历跨国吸引并向外求索的过程中,获得了很多关于走向本土化的经验,也有不少教训。面对这种情况,运用教育借鉴理论理解高瞻课程模式成功经验的同时,我们必须继续高度关注和重视课程本土化阶段的重点问题,即如何借鉴高瞻课程模式的主要经验,特别是如何将高瞻课程模式的主要经验有效地融入创造我国本土化幼儿园课程模式和幼儿园教师培训模式的过程之中,并有效促进本土幼儿园课程模式和幼儿园教师培训模式的建构和发展。

(二)内化的时代背景与预期:时代之问和建构本土幼儿园课程与教师培训模式

党的十八大以来,国家高度重视发展教育事业,围绕培养什么人、怎样培养人、为谁培养人这一根本问题做了一系列的尝试、探索与努力,教育事业的中国特色更加鲜明,教育的国际影响力快速提升,人民群众在教育方面的获得感明显增强,人民的思想道德素质和科学文化素质全面提升。在此背景下,要将高瞻课程模式的有益经验有效地融入到我国本土化幼儿园课程模式与教师培训模式之中，就需要在明晰高瞻课程模式主要经验的基础上了解本土时代背景与预期，将高瞻课程模式的主要经验与中国新时代需求和国家教育事业发展预期相结合，以回答时代之问，实现时代预期，与时代同频共振。

培养什么人、为谁培养人，是教育的首要问题。因为我国是中国共产党领导的社会主义国家，这就决定了我们的教育必须把培养社会主义建设者和接班人作为根本任务，培养一代又一代拥护中国共产党领导和我国社会主义制度、立志为中国特色社会主义奋斗终身的有用人才，这是教育工作的根本任务与根本目标。为了实现这一目标，就需要在怎样培养人上下功夫，以"九个坚持"为基本原则，在坚定理想信念、厚植爱国主义情怀、加强品德修养、增长知识见识、培养奋斗精神、增强综合素质上下功夫，树立健康第一的教育理念，全面加强和改进学校美育，弘扬劳动精神。通过健全立德树人落实机制，扭转不科学的教育评价导向，从根本上解决教育评价指挥棒问题。这些是教育需要回答和解决的新时代问题，也是我国本土化幼儿园课程模式和幼儿园教师培训模式建构过程的核心追求，更是对本土核心价值观、本土教师教育观的明确与落地。

我们需要贯彻本土核心价值观以实现建构本土幼儿园课程模式的预期。经过40余年的改革开放，中国学前教育在借鉴和探索中已经彻底改变了20世纪50年代以来的幼儿园分科课程的模式，坚持以立德树人为根本任务，坚持扎根中国大地办教育，为培养德智体美劳全面发展的社会主义建设者和接班人奠定坚实基础已成为学前教育的首要目标，促进儿童的主动学习与全面发展已成为学前教育课程的最重要目标。如果我们能够在中西融会中不断吸纳优质的幼儿园课程模式的精髓，并站在本土立场上，不断地用核心思想理念、中华传统美德、中华人文精神等本土核心价值观去思考并建构自己的幼儿园课程模式，重视品德启蒙涵养和文化底蕴润泽；如果我们能够通过走近高瞻课程模式的理论与实践，不断地体悟如何在主动学习的活动中让儿童"具有高度的热情和广泛的兴趣"，涵养儿童的积极学习品质；如果我们能够通过了解高瞻课程模式的领域构成与关键发展指标，不断地感受课程内容蕴含的教育基因，在活动中培养德智体美劳全面发展的快乐中国娃；如果我们能够通过掌握高瞻课程模式的计划—工作—回顾过程，不断地思考如何开展符合儿童年龄特点和学习方式、遵循儿童发展规律与学习规律的课程过程设计，聚焦过程质量，提升保育教育水平；如果我们能够把关于幼儿园课程模式的思考和实践与关于幼儿园课程评价模式的思考和实践紧密地结合起来，不断地推动幼儿园课程评价模式走向情境性评价、过程性评价和发展性评价；如果我们能够把幼儿园课程模式的建构与幼儿园教师的专业发展有机地结合起来，不断地促进幼儿园课程模式建构与幼儿园教师专业发展走向一体化……，那么我们就会更快形成具有中国特色、中国风格的幼儿园课程模式，并以自己的课程价值、结构和路径等丰富当今世界多元化的幼儿园课程。

我们需要树立本土教师教育观以实现建构本土幼儿园教师培训模型的预期。形成本土教师教育观并构建发展适宜性的本土幼儿园教师培训模型，是当今我国学前教育高质量发展的当务之急和重中之重。我们应切实提升幼儿园教师质量并基于此为提升幼儿园教育教学质量付出努力。学习高瞻课程模式的理论模型和实践模型，并基于此进行幼儿园课程改革与幼儿园教师教育课程改革的研究后，我们不禁要发问：脱离幼儿园实际岗位任务的新教师培训是否有效？脱离幼儿园实际工作情境的新教师培训是否有效？脱离园所发展规划和教育教学实际的新教师培训是否有效？脱离区域学前教育发展规划和教育教学实际的新教师培训是否有效？我们还要继续发问：拿什么对幼儿园教师进行培训才有针对性和适切性？拿什么对幼儿园新教师进行培训才有针对性和适切性？如何对幼儿园教师进行培训才有实效性和持续性？如何对幼儿园新教师培训才有实效性和持续性？园长专业领导力的核心是什么？园长专业领导力如何体现在对幼儿园课程的领导和基于课程领导的教师领导上？园长在新教师专业胜任力发展中到底应该扮演何种角色以及如何扮演这种角色？园所整体教育教学质量如何提升？区域学前教育质量提升的关键问题到底是什么？教育行政部门应该抓何种关键问题以及如何抓住这些关键问题，以切实提升区域学前教育质量，并让区域学前教育质量提升成为可持续的整体性、差异化的教育教学改革行动？这些问题都真真切切地困扰着我们今天的学前教育理论研究者和实践工作者。幼儿园教师及园长培训"是什么",决定着将要如何定位幼儿园教师及园长的培训;"为什么"开展幼儿园教师及园长培训,决定着我们要不要安排、应该如何安排幼儿园教师及园长的培训;幼儿园教师及园长培训"如何开展",决定着我们设计怎样的教师和园长的培训课程。这些问题都已经变成我们负责任地担当明天的真问题和给出解决方案的开始。我们应当明晰幼儿园教师和园长培训的目标和定位,找准靶向才能更好开展理论探究和实践培训;我们应当设计幼儿园教师和园长培训的课程和内容,明确靶心才能更好促进教师"加深专业理解""解决实际问题"和"提升自身经验"。因而,借鉴高瞻课程模式对于幼儿园教师培训的思考,我们应当关注提升幼儿园教师的岗位胜任力,提升幼儿园教师研究和开展保教活动的能力,提升幼儿园教师研究儿童并支持儿童德智体美劳全面发展的能力,并形成本土幼儿园教师培训模型,这是影响幼儿园教师队伍质量的关键,是影响幼儿园教育质量提升的关键。让培训有效定将让教育高效,促教师培训建设必将促教育质量提升。

(三)课程的方向整合与进阶:为我国幼儿园课程质量提升提供系统性的理论思考

在当今建设高质量学前教育体系并持续推进"幼有所育""幼有全育""幼有善育"的形势下,在当今建构高质量幼儿园教育评估体系并持续推进"科学评估""以评促建"的形势下,我国幼儿园课程体系建设亟待科学有效的"方法论"指导。该"方法论"的核心要义即重视课程横向内容整合和纵向发展进阶,建构支持儿童全面发展的课程目标体系和条件体系,以及支持儿童持续进阶的课程过程体系和评价体系,并依据儿童自身的学习方式与发展特点,将目标、条件、过程和评价体系进行一体化设计,为课程目标定位、课程条件保障、课程过程展开和课程效果评估"立柱架梁",引领中国学前教育走出"简单小学化"和"表面游戏化"的低质量误区,走向"目标有准度""条件有精度""过程有深度"和"评价有效度"的学前教育高质量发展道路。

首先,在幼儿园课程建设上应重视横向课程目标整合并将整合目标嵌入课程条件中,建构支持儿童"主动学习""社会学习""思维学习""经验学习"的课程目标和课程条件体系。在《3—6岁儿童学习与发展指南》所提出的五大领域关键经验学习目标基础上，借鉴高瞻课程模式的主要发展领域及关键发展指标，突出重视儿童的学习品质，帮助儿童学会主动学习，在活动过程中培养其积极态度和良好行为；还应突出强化儿童的德行文蕴，帮助儿童获得文化涵泽，在活动过程中涵养优良习惯、互助友爱和爱家爱国等品质。此外，还需重点关注儿童的思维方式，帮助儿童提升思维品质，在活动过程中拓展其具体形象思维并助力抽象逻辑思维的萌芽，以此形成德行文蕴、学习品质、关键经验、思维方式四维目标整合的幼儿园课程目标体系。横向目标的整合，意味着儿童发展四维目标及相应课程内容不是泾渭分明、相互割裂的，而是阡陌交错、系统整合的，并且整合后的目标有机嵌入到支持儿童有效学习的课程条件中，体现在教师为儿童提供的材料和直接感知、实际操作、亲身体验的活动情境中，从儿童发展的整体性、全面性视角提供适宜的课程目标体系和条件体系。

其次，在幼儿园课程建设上应重视纵向进阶设计并在进阶过程中展开效果评价，建构支持儿童"主动学习""进阶学习""合作学习""联想学习"的教学过程和教育评价体系。我们应在《幼儿园保育教育质量评估指南》的引领下，探索儿童各领域学习与发展规律，了解不同年龄段儿童各领域发展特点及最近发展区，借鉴高瞻课程模式的关键发展指标进阶设计及鹰架策略，依据科学确立的指标体系，客观设计儿童思维的发展进阶路径，科学评价儿童在某一领域的学习达到了怎样的进阶水平，还应明确一般教学策略、具体教学策略等鹰架策略，支持儿童向着更高水平持续进阶学习。纵向进阶的设计，意味着我们不仅要明确儿童各领域发展的方向，更要明确儿童发展的阶段和具体的台阶，还要明确支持儿童逐级上台阶的有效支持策略和儿童的预期行为表现，以儿童发展的关键指标及其进阶水平作为设计评价工具的依据，在真实的活动情境下，在教师支持儿童逐级进阶的过程中，观察与评价儿童的典型行为表现，从儿童发展的阶段性、个性化视角提供有效的课程过程体系和评价体系。

最后，在幼儿园课程建设上还应重视课程评估与课程模式一体化建设，秉持科学评估、以评促建的原则，推动课程目标、条件、过程及评价的一体化改进。《幼儿园保育教育质量评估指南》所倡导的科学评估、以评促建指引了幼儿园课程评估与课程模式建设的方法和路径。借鉴高瞻课程模式的儿童发展评价、机构质量评价策略及工具，我们应立足儿童发展的角度开展科学评估，牢固树立儿童为本的理念，站稳培养什么人、为谁培养人的国家立场，深入研究儿童的全面发展目标和科学发展路径，以形成科学评估的目标体系、方法体系及系列工具。我们还应立足课程建设的角度，以评促建，依据培养什么人、为谁培养人的导向建构幼儿园课程的目标体系并评价其价值性质量；依据目标体系建构幼儿园课程的条件体系并评价其条件性质量；依据过程性评价的要求及儿童发展进阶设计重构幼儿园课程的过程体系建设并评价其过程性质量；依据幼儿园课程所达成的儿童发展、教师发展和园所发展等生态效果评价其结果性质量。总而言之，就是力图通过价值性质量、条件性质量、过程性质量和结果性质量的评价，促进幼儿园课程的目标、条件、过程和结果建设，走向"目标质量讲意义""条件质量讲意图""过程质量讲意思""结果质量讲意蕴"的高质量幼儿园课程建设新征程。

（四）教师的培养培训与设计：为我国幼儿园教师能力提升与持续发展提供方向参考

百年大计，教育为本；教育大计，教师为本。在当前高质量学前教育体系建设、高质量幼儿园教育评估体系建设和高质量幼儿园课程体系建设的背景下，在当前造就党和人民满意的高素质专业化创新型教师队伍的背景下，在当前教师队伍建设存在"不能完全适应新方位、新征程、新使命的要求""有的教师素质能力难以适应新时代人才培养需要，思想政治素质和师德水平需要提升，专业化水平需要提高"的背景下，我国幼儿园教师培养培训体系建设亟待有所作为。

首先，关注幼儿园教师的岗位胜任力是幼儿园教师培养培训的抓手与基础。岗位胜任力是一系列影响岗位工作绩效的个人特征要素的集合，包括与工作或工作绩效或生活中其他重要成果直接相似或相联系的知识、能力、特质或动机。学习借鉴高瞻课程模式重视教师岗位胜任力的基本经验，我们应该基于幼儿园的实际岗位任务、幼儿园实际工作情境、园所发展规划和教育教学实际、基于区域学前教育发展规划和教育教学实际开展教师的培养培训。幼儿园教师是在幼儿园情境中从事教师岗位工作的专业人员，保育与教育是其最基础、可观察、易评估的外显的岗位能力。因此，保育与教育应该作为幼儿园教师岗位胜任力培养培训的重要内容。保育重视身心安全与健康，旨在帮助儿童建立合理生活常规，养成良好的生活卫生习惯，发展自我服务的意识与能力；教育重视在保育基础上的德智体美劳全面发展，旨在以游戏为基本活动，发现和支持儿童有意义的学习，强化家园社协同育人，促进儿童各方面在原有水平上不断进阶。保育、教育是共生共长的关系存在，教育的开展需要保育提供基本保障，保育的开展需要教育提供引领支持，促进儿童的全面和谐健康发展是保育和教育的共同追求。

其次，关注幼儿园教师的内生学习力是幼儿园教师培养培训的本质与核心。内生学习力是一种内在的、通过不断获得与应用知识技能来调整和改变人们工作生活状态的持续能力或能力系统，包括接纳力、探究力、转换力、反思力等。学习借鉴高瞻课程模式重视教师持续岗位进阶的基本经验，我们应该基于幼儿园教师岗位胜任力的持续提升、幼儿园发展规划的持续稳定迈进、区域学前教育质量的持续提升开展教师的培养培训。幼儿园教师是具有主动学习愿望和动力的自给自足的专业人员，研究与支持儿童是其最核心、最本质、有挑战的内在的学习能力，因此应该作为幼儿园教师内生学习力培养培训的重要内容。研究与支持主要包括儿童学习研究与支持、个体差异研究与支持、行为观察、发展评价与激励等内容，以在了解儿童、研究儿童的基础上支持儿童主动学习与全面发展。研究与支持是互依互促的关系存在，进行儿童研究是为了不断加深对儿童的理解与认识，是为了更好地支持儿童，而支持儿童的方式方法和策略则需要科学有效的研究支撑。不断发现"儿童的秘密"并持续在理论上解密、揭密，在实践中探密、寻密，是儿童研究与支持的共同的期待。

最后，幼儿园教师培养培训的方案设计应该尝试"反向设计、正向施工"。在明晰幼儿园教师岗位胜任力和内生学习力指向的基础上，结合《幼儿园保育教育质量评估指南》的评估内容，培养培训应该在幼儿园的真实活动场景或活动样态中，提升幼儿园园长和（准）教师包含卫生保健、生活照料、安全防护的保育与安全能力，包含活动组织、师幼互动、家园共育的教育过程能力，包含空间设施、玩具材料的环境创设能力等岗位胜任力，包含学习研究与支持、个体差异研究与支持、行为观察、发展评价与激励等内生学习力，包含党建工作、品德启蒙、科学理念的办园方向把握，包含人员配置、专业发展、激励机制的教师队伍建设等园长领导力。"反向设计"是以终为始，以评促建；"正向施工"是目标导向，迈向结果达成。"反向设计、正向施工"的培养培训方案设计有助于提升培养培训的针对性和有效性，有助于创新幼儿园教师培养培训模式，有助于优化幼儿园教师培养培训课程体系，突出岗位胜任力和内生学习力，以精准解决教师专业学习与发展中存在的问题，也有利于提高资源的利用效率。

（五）大学的今日责任与担当：为我国学前教育质量提升贡献可操作的实践模型

大学面对当今学前教育的形势与任务，责任何在？担当何在？我们要躬身自问：大学可以为"难以走出小学化误区"的幼儿园课程与教育教学改革贡献些什么？为"难以走出讲授式误区"的幼儿园教师培训课程与教育教学改革贡献些什么？为"难为无米之炊的空谈式园本教研"的幼儿园园长专业领导力提升贡献些什么？为"急于凝志聚力切实提升学前教育质量"的教育行政部门贡献些什么？

我们躬身自问的时候，应该如"吾日三省吾身"般持续地深度内省：大学能否贡献出一线幼儿园课程改革和教育教学改革的实践方案——具有方向性、实操性、系统性、迭代性和教师友好性、可评价性、可反思性的幼儿园"课程"或"课"与"程"，幼儿园教师可直接使用并可持续迭代的幼儿园集体教育活动、个别教育活动和生活教育活动？

大学能否贡献出一线幼儿园教师培训课程改革和教育教学改革的实践方案——具有方向性、实践性、反思性的教师培训模型，具有引领性、实操性、园本性的园长提升范式？能否贡献出"主题导向，任务驱动"的幼儿园教师教育新范式，如支持幼儿园教师教育走向加深专业理解、解决实际问题、积累自身经验的专业胜任力提升的"三步走"岗位适宜性培训模型？

大学能否贡献出一线园长专业领导力提升特别是园长课程领导力和教师领导力提升的实践方案——具有引领性、实操性、园本性的"园长为纲、纲举目张"的幼儿园园长专业领导力提升新范式，如切实支持幼儿园园长凝聚共识、分布领导、个人实践、集体反思和有效支持的园本教研新范式？

大学能否贡献出以区域教育行政部门为核心和纽带，以幼儿园为实际参与者、行动者和获得者的大学—区域—幼儿园伙伴关系的新范式，以切实提升区域内幼儿园教育教学质量、教师培训质量、园所整体质量以及区域整体学前教育质量？

回答应该是"能"！我们也愿意在政策研究和理论研究的同时，对学前教育实践问题给出正能量、接地气和可操作的正面回答和回应。

为贯彻落实《中共中央 国务院关于学前教育深化改革规范发展的若干意见》精神，大力加强幼儿园教师队伍建设，完善教师培养体系，健全教师培训制度，提高教师专业水平和科学保教能力，提高教师职业素养，基于对当前《3—6岁儿童学习与发展指南》"落而不实"的现状、理解《幼儿园保育教育质量评估指南》的价值追求和方向引领的现状、当前我国幼儿园教师培训"针对性不强"的现状等的了解以及对解决方案的探寻，基于对国际国内学习共同体建设的理解、研究与行动方案的设计，基于对国际国内大学—政府—幼儿园合作培训模式的理解、研究与行动方案的设计，我们应该以指向落实《3—6岁儿童学习与发展指南》《幼儿园保育教育质量评估指南》的幼儿园课程的实际运行为抓手，以提升幼儿园新教师岗位适应能力为直接目标，切实推动适宜中国国情的幼儿园教师培训模型的构建，从而迈向幼儿园课程发展和教师专业发展一体化的新思路和新行动。

首先，我们应设计并开发基于《3—6岁儿童学习与发展指南》《幼儿园保育教育质量评估指南》的幼儿园教育教学活动或幼儿园课程。我们以落实《3—6岁儿童学习与发展指南》提出的奠基儿童后继学习和终身发展、重视儿童的学习品质和关键经验，以及《幼儿园保育教育质量评估指南》提出的关注儿童品德启蒙为愿景，设计并开发首要目标为浸润儿童的德行文蕴、涵养儿童学习品质，共同目标为帮助儿童获取关键经验，重视过程质量并关注儿童与环境、教师、同伴等互动，聚焦班级观察的集体教育教学活动——希望帮助幼儿园解决走出"小学化"误区以后，幼儿园集体教育教学活动往何处去的实际问题，走出一条切实帮助儿童主动学习、合作学习、创造性学习的幼儿园课程建设道路。

其次，我们应设计并开发基于幼儿园课程的幼儿园教师培训模型。我们以落实《教育部关于深化中小学教师培训模式改革 全面提升培训质量的指导意见》提出的解决培训针对性不强、内容泛化、方式单一、质量监控薄弱等突出问题，教育部《幼儿园新入职教师规范化培训实施指南》提出的通过规范化培训提升新教师岗位胜任力和内生学习力的精神为愿景，设计并开发首要目标为提升幼儿园教师岗位胜任力、共同目标为帮助教师提升内生学习力的"三步曲"培训活动，即"集中体验培训""基地浸润培训""返岗实践培训"，希望帮助地方政府解决幼儿园教师培训"小学化"，甚至"大学化"的问题，走出一条切实帮助教师加深专业理解、解决实际问题、提升自身经验的幼儿园教师培训道路。

再次，我们应设计并开发基于幼儿园课程领导、幼儿园教师领导的幼儿园园长培训模型。我们以落实《幼儿园园长专业标准》中提出的突出园长的领导力和执行力，坚持在不断的实践与反思过程中提升专业能力的理念为准则，设计并开发首要目标为建设一支业务精湛的园长队伍，共同目标为帮助园长提升专业领导力的培训模型，即以园本教研共同体（professional learning community，PLC）为抓手促进领导力提升，希望帮助地方政府回答"园长培训的内容如何设置""园长培训的方式如何选择""园长培训质量如何保障"的实际问题，走出"精选培训内容、改进培训方式、强化监管评价"的园长培训道路。

最后，我们应设计并开发基于课程领导、教师领导、园长领导一体化的区域学前教育管理和提升模型。我们以落实《教育部等四部门关于实施第三期学前教育行动计划的意见》提出的加强幼儿园质量监管和业务指导、各省市建立完善幼儿园质量评价体系的要求为准则，设计并开发首要目标为提升学前教育质量，共同目标为帮助地方政府获取管理效能的"三位一体"的教育管理和提升模型，即"课程领导""教师领导""园长领导"，希望帮助地方政府管理者解决"区域学前教育管理往何处去""区域学前教育质量如何保障"的实际问题，走出切实帮助区域行政部门形成以课程建设为中心，以教师专业发展和园长领导力提升为两个基本点的区域学前教育管理道路。

学习和借鉴高瞻课程模式半个多世纪如一日持续进行课程研究和教师培训研究的做法，我们上述所有的工作都已经切实启动，我们的理解和追求正在也已经变成行动——我们正走在基于设计提升中国幼儿园课程质量和幼儿园教师培训质量，将提升中国幼儿园课程质量和幼儿园教师培训质量一体化，从而提升中国学前教育质量研究的前行之路上。

学前教育是终身教育的开端，是基础教育的基础，是国家教育体系中不可或缺的重要一环。站在新的历史起点上，我们已经认识到"文化是民族的血脉，是人民的精神家园"。只有进行文化的传承与创新，才能凝聚和激发一个民族的活力和创造力。作为学前教育研究者，我们有责任和义务在中华民族文化所具有的独特魅力和历史土壤中，在充分认识学前教育重要价值的基础上，在借鉴国外优秀幼儿园课程模式的同时，理性思考学前教育的价值、幼儿园的本质、幼儿园课程开发和幼儿园教师专业发展等新时期的重大问题，致力于开启一个建构具有民族文化底蕴、与时代精神接轨的幼儿园课程模式和幼儿园教师专业发展模式的新时代。在新的征程中，让我们一同：

聚焦时代话题，站稳中国立场，博古通今寻高质量学前教育改革之"道"；

强化目标导向，谋绘生态图谱，以终为始觅高质量学前教育研究之"法"；

运用系统思维，规范研究范式，立柱架梁探高质量学前教育发展之"术"；

检视多元证据，淬炼科学结论，循序循证索高质量学前教育评测之"器"。

北京师范大学　霍力岩

2023 年 1 月 5 日

本书译者前言

《学前儿童观察评价系统》(COR Advantage)的基本特点、内容概述及其启示

《幼儿园保育教育质量评估指南》要求树立科学评价导向，以"科学评估"和"以评促建"等为基本原则，聚焦班级观察，重视过程评估，完善评估内容，改进评估方式，切实扭转"重结果轻过程、重硬件轻内涵、重他评轻自评"等倾向。从中可以清楚看到，我国学前教育政策已经对学前儿童观察与评价进行了焦点关注、价值指引、功能说明和方法支持，这也要求我们进一步明确学前儿童观察评价的性质与功能（如"是什么""为什么"）、目标与结构（如"引向哪""评什么"）、情境与任务（如"在哪评""从何评"）、方法与工具（如"怎么评""用啥评"）、成果与运用（如"是啥样""如何用"）等问题。作为旨在对学前儿童主要发展领域进行情境评价，并基于评价结果进行"鹰架"的保育教育质量评价系统，美国高瞻教育研究基金会研发的《学前儿童观察评价系统》(COR Advantage)在世界范围内，对幼儿园课程模式的基本要件构成与持续质量提升，对幼儿园课程运行中儿童观察与评价的基础框架描绘与持续鹰架支持，对幼儿园课程研究中儿童观察与评价的基本思路厘清和持续方法完善等，产生了巨大的影响。在我国高质量幼儿园课程体系建设的背景下，《学前儿童观察评价系统》(COR Advantage)能够为我国推进高质量的儿童观察评价以及"以评促建"等提供有益参考。

一、为什么要译介高瞻课程模式的《学前儿童观察评价系统》（COR Advantage）

为了帮助幼儿园教师解决在真实教育教学情境中观察评价学前儿童的问题，落实基于"科学评估"的"以评促建"，促进新时代高质量幼儿园课程体系和幼儿园课程评价体系建设，我们译介了《学前儿童观察评价系统》（COR Advantage）。

（一）《学前儿童观察评价系统》（COR Advantage）内容全面

《学前儿童观察评价系统》（COR Advantage）是高瞻课程模式用于评价学前儿童各领域发展情况的评价工具，共包括9个评价领域（学习品质，社会性和情感发展，身体发展和健康，语言、读写和交流，数学，创造性艺术，科学和技术，社会学习，英语语言学习）及其下位的36个评价项，每个评价项涵盖8级水平，每个水平匹配两条规范的逸事记录，有助于幼儿园教师准确判断儿童的全面发展状态与实际发展水平。除了评价指标内容全面外，《学前儿童观察评价系统》（COR Advantage）还提供了步骤清晰的使用指南，包括评价工具原理和具体使用步骤等，有助于幼儿园教师、家长、学前教育机构管理者等多元主体按步骤开展评价，结构完整，内容全面。

（二）《学前儿童观察评价系统》（COR Advantage）真实有效

在真实、自然的情境下对儿童进行观察和评价是了解儿童并进一步支持儿童的最佳方式。《学前儿童观察评价系统》（COR Advantage）的真实有效主要体现在两个方面。第一，《学前儿童观察评价系统》（COR Advantage）要求教师采用以观察为基础的方法进行评价，将观察与评价融入儿童的一日生活中，在真实的情境中搜集能体现儿童学习与发展的证据，然后将搜集到的资料记录下来并与相应评价项下的发展水平进行比对，以此揭示儿童的发展水平，评价的过程和结果真实客观，保证了评价的有效性。第二，《学前儿童观察评价系统》（COR Advantage）关注托幼一体与融合发展，能够评价儿童从婴儿期到学前期的连续发展变化，同时关注课堂中特殊儿童的发展轨迹，评价更加符合幼儿园的实际情况与发展需要，保证了评价的真实性。

(三)《学前儿童观察评价系统》(COR Advantage) 凸显过程

《学前儿童观察评价系统》(COR Advantage) 倡导的观察评价不是在课程结束后对儿童进行一次简单的终结性评价，而是持续不断地对儿童进行过程性评价和发展性评价。该系统要求教师全年撰写逸事记录，并据此对儿童学习与发展水平进行赋分，在一年内（如年初、年中、年末）填写2—4次《儿童总结表》和《班级总结表》。这种将质性的观察记录和量化的等级评分相结合的评价工具，不仅对儿童学习的过程进行了详细的记录，同时能够对儿童学习与发展的成长过程进行追踪。

(四)《学前儿童观察评价系统》(COR Advantage) 指引发展

观察评价的目的不是通过使用评价工具对儿童每一评价项的行为表现进行等级划分，而是对儿童、教师、课程三者提供发展指引。对于儿童来说，同一评价项下的连续性水平层级展现了他们在这一关键发展指标下的发展特点和规律，有助于明确发展方向。对于教师来说，这有助于清晰判断儿童当前发展水平并提供更为有效的个性化支持策略，提升自身支持儿童从低水平层级迈向高水平层级的专业能力。而从课程角度来看，教师通过观察和记录了解儿童的发展水平，有针对性地制定或调整课程方案，提供促进儿童向下一发展水平迈进的材料和环境，有助于幼儿园课程质量的提升。

(五)《学前儿童观察评价系统》(COR Advantage) 便于操作

《学前儿童观察评价系统》(COR Advantage) 便于操作的特点体现在其评价项目、水平层级和逸事记录等多个方面。《学前儿童观察评价系统》(COR Advantage) 评价领域明确，评价项目细化，水平层级清晰，真实案例明了，有助于解决教师在一日活动中因发展评价工具对儿童发展水平层级模糊性、概括性高而无法对儿童发展进行精确把握的困惑，不仅为幼儿园教师的实际评价工作带来较多便利，同时也有助于提高幼儿园教师的评价效率。逸事记录的方法和开始于观察儿童、终结于评价共享的"十步走"使用步骤，有利于教师按照步骤指引，在日常生活中轻松地将所观察到的儿童行为逸事记录归于某一评价项目，并根据不同等级说明对儿童在这一方面的发展水平做出判断。

二、《学前儿童观察评价系统》(COR Advantage)的结构维度、层级划分与使用指南

(一)结构维度

《学前儿童观察评价系统》(COR Advantage)总共包括9个评价领域(8个主要评价领域和1个补充评价领域),8个主要评价领域分别是学习品质,社会性和情感发展,身体发展和健康,语言、读写和交流,数学,创造性艺术,科学和技术,社会学习;1个补充评价领域是英语语言学习。9个评价领域具体包含了36个评价项目。例如,学习品质包含主动性和计划性、使用材料解决问题、反思3个评价项目。每个评价项分为8级水平,即从0级(最低水平)到7级(最高水平)。每一层级水平之下均有两条规范的逸事记录,供观察者参照以对儿童实际发展做出科学准确的评价(见图1)。

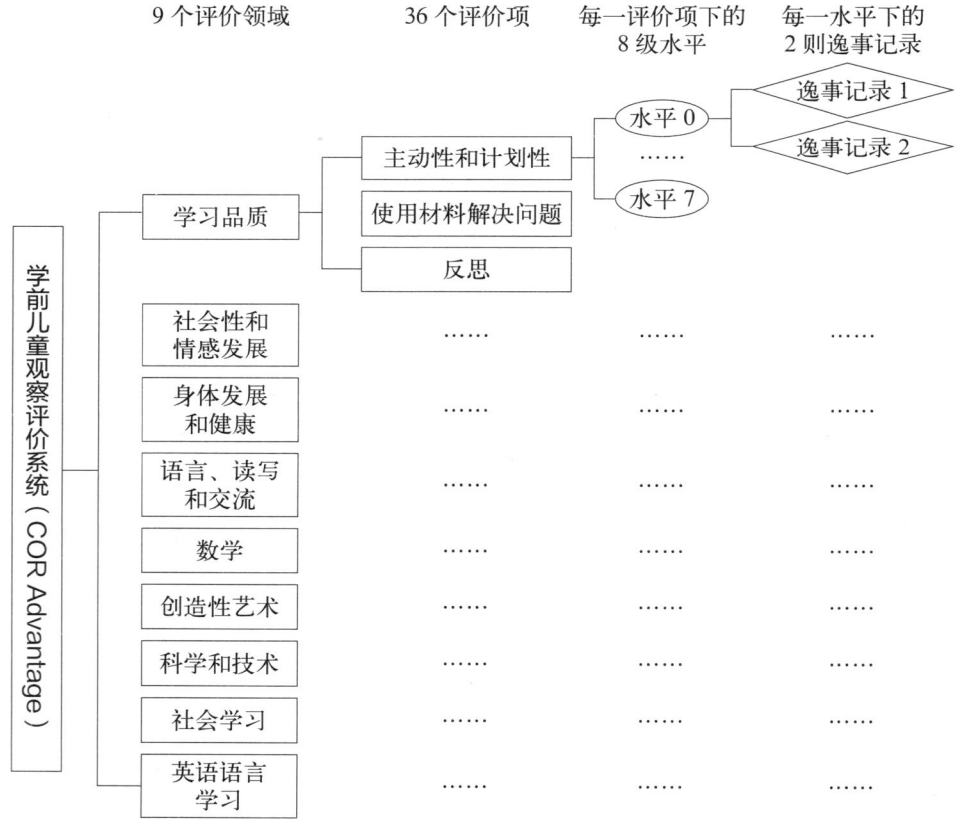

图1 《学前儿童观察评价系统》(COR Advantage)结构维度图

（二）层级划分

《学前儿童观察评价系统》（COR Advantage）的每一评价项涵盖8个水平层级，各层级主要参照维果茨基最近发展区理论设定，也就是说，相邻水平层级之间的差异实际上构成了儿童的最近发展区，不同水平层级的划分是对儿童最近发展区的一种具体化的、可操作的呈现。有多个连续水平层级，也就有多个连续的最近发展区。与此同时，水平层级也具备自身属性，即可观察性和递进性。可观察性体现在水平层级描述的是儿童真实行为表现，可以通过多种方式进行观察、记录与评价，并基于观察结果提供进一步激励支持；递进性体现在对于不同儿童来说，其所具备的能力构成不同，在能力的层次和水平上也存在差异，由此构成进阶式水平层级划分。

（三）使用指南

1. 使用对象：面向幼儿园教师、园长及家庭等多元主体

《学前儿童观察评价系统》（COR Advantage）作为以观察为基础的评价工具，可以供幼儿园教师、园长及家庭等多元主体使用。对于幼儿园教师而言，可以借助该系统观察并评价小组或者全班儿童的学习与发展，并以此为依据对课程及材料做出及时调整与改进；对于园长等机构管理者而言，该系统可以提供来自儿童群体及个体各领域学习与发展情况的真实可靠数据反馈，便于循证提升整体质量；对于家庭而言，学会使用该系统，既可以更好地理解教师对儿童的观察及基于观察所采取的教育策略，也可以对儿童的观察结果及教育支持予以补充，密切家园关系，加深家园合作。

2. 使用原理：以儿童典型行为表现作为判定儿童具体发展水平的依据

《学前儿童观察评价系统》（COR Advantage）以儿童典型行为表现作为判定儿童具体发展水平的依据。首先，幼儿园教师要完成儿童逸事记录，即对儿童行为发生的时间、地点、人物、关键细节等进行简洁且客观的记录；其次，用逸事记录中儿童的典型行为表现对标具体评价项，确定儿童行为表现是属于哪些领域、哪些项目的典型行为表现；最后，判定评价项及对应水平，对儿童在某一/某些项的典型行为表现给出0—7级实际发展水平的专业判定。

3. 使用步骤：开始于观察儿童、终结于评价共享的"十步走"

《学前儿童观察评价系统》（COR Advantage）的使用始于观察儿童，终于评价共享，一共包括10个步骤。①全天候观察儿童的一言一行；②撰写儿童逸事记录并收集支撑素材，例如照片、录音、视频、绘画、文字材料等；③注意记录儿童独特的语言表达，有助于为后续评定等级提供佐证；④确保将每一件逸事记录在案并标注儿童作品的时间；⑤核对每一件逸事的关键信息，如时间、地点、人物、背景、儿童的言行及其结果；⑥使用《评分指南》对逸事记录中儿童典型行为表现或者儿童作品进行判定，如归属什么评价项，处于什么水平；⑦周期性回顾逸事记录，避免遗漏任何一件有助于判定儿童学习与发展水平的事件；⑧填写《儿童总结表》，如果每一评价项有多件逸事，填写儿童行为表现水平最高的那件逸事即可，需要注意的是一年要填写4次《儿童总结表》，以确保总结表实时更新完善；⑨填写《班级总结表》，即在每一个时间周期内填写班级儿童平均得分；⑩通过单独分发《家庭手册》并讨论的形式，将评价结果分享给各位家长，并在家长会上向全体家长分享整体发展简况、儿童成长档案袋等，为家长如何进一步支持儿童发展提供指引。

三、《中国学前儿童观察评价系统》的本土化建构展望

高瞻课程模式的《学前儿童观察评价系统》（COR Advantage）虽然是一套优秀的学前儿童观察和评价工具，但其编制过程是基于美国文化与教育现实，且以美国儿童为参照常模，也就是说，这一套测评工具的水平层级反映的是美国儿童在各领域关键指标上的发展情况。我们需要在借鉴该系统科学规范的编制经验的基础上，把握中国的人才培养价值取向，立足中国学前儿童的学习与发展特点，基于中国学前教育课程已有经验与未来取向，明确性质与定位、目标与结构、情境与任务、方法与工具、成果与运用等关键问题，开发科学有效的《中国学前儿童观察评价系统》。

（一）性质与定位：教、学、评、促一体化

1. 教育评价与幼儿园教师教学一体化

《中国学前儿童观察评价系统》是基于课程的评价工具，将强调评价与教学

相结合，实施过程性评价，保障过程性质量的实现。该系统的评价目标与教育目标应具有一致性，遵循"所教即所评"的方式，从设计之初就强调如何基于儿童的身心发展特点生成并改进课程，评价内容指标本身就是其课程框架中关于儿童发展内容的集中体现——一方面，课程内容成为制定评价指标的重要依据，另一方面通过持续收集儿童真实的发展信息，对评价结果进行分析转而反哺课程，不断改进教育方案。可见，《中国学前儿童观察评价系统》不仅仅是评价儿童发展本身，还将通过评价儿童发展来进行课程的改进，即在评价儿童发展水平的同时，整合课程内容框架和评价指标体系，验证课程本身的内容质量，实现教育评价与教育教学改进的一体化。[①]

2. 教育评价与儿童学习一体化

《中国学前儿童观察评价系统》将以渴望学习、主动学习、深度学习、合作学习、创造学习为特色结构框架，强调对儿童全方位发展的重视，助力幼儿园教育走出"小学化"误区。传统学前儿童评价工具通过简单的比较仅能展现儿童能够达到和需要达到的目标，此类评价结果更倾向于对一般意义上的学业能力进行回应，信息有限，忽视了更广义的儿童发展，诸如主动性、社会关系、协调能力和一般逻辑推理能力等，这使得学前教育出现诸多不适宜的现象。《中国学前儿童观察评价系统》将通过基于真实情境且过程开放的过程性评价，帮助评价者了解儿童在有意义学习过程中的思维进阶过程，从而树立广义的儿童学习观，反映出儿童发展的方方面面，实现教育评价与儿童学习的一体化。[②]

3. 教育评价与质量提升一体化

《中国学前儿童观察评价系统》将以教师观察记录为基础，强调日常性地搜集真实情境中的信息，引导教师研究儿童，获得专业发展。教师在实施学前儿童观察记录的过程中，需要有目标地观察和捕捉儿童的典型行为表现，随着评价经验的增长，他们将会发现自己更熟悉儿童发展目标，观察与记录更加强了他们与儿童之间的互动。教师通过解读自己的观察记录，还能获得一种审视儿童学习的独特"眼光"，并进入一种能不断从儿童的学习中发现和捕捉教育问题

[①②] 霍力岩，陈雅川，周彬. 美国学前儿童观察记录系统的评价内容、实施方法与借鉴意义[J]. 中国特殊教育，2015，(1)：63-67.

的研究境界，实现教育评价与专业发展的一体化。[①]

《中国学前儿童观察评价系统》作为园所教育方案的重要组成部分，将注重持续性地搜集综合性、系统化的评价信息，"以评促建"，提升园所和区域学前教育质量。教师通过观察记录儿童的成长信息，使用《中国学前儿童观察评价系统》评价儿童的发展水平，并根据数据找寻支架儿童发展的个性化教育策略。园所以此为抓手，开展园本课程建设和基于课程的园本教研，也可以形成区域教研共同体，基于标准化的评价工具共研、共建高质量的幼儿园课程体系，实现学前教育评价与区域教育质量提升一体化。

（二）目标与结构：0—6岁多维度评价指标一体化建构

1. 建构公民素养、学习品质、关键经验、思维方式四维目标体系

《中国学前儿童观察评价系统》建构需系统思考落实"立德树人"根本任务和培养"社会主义建设者与接班人"的学前儿童发展目标与结构框架。结合我国新时代教育政策，应建构涵盖公民素养、学习品质、关键经验、思维方式的四维目标体系。第一，建构公民素养评价指标，即一方面落实"立德树人"根本任务，将培育和践行社会主义核心价值观融入保育教育全过程，建构品德启蒙指标，引领与评价儿童良好品德和行为习惯养成，另一方面落实儿童教育传承中华优秀传统文化的时代任务，建构"蒙以养正"的文化浸润指标，指引有中国根、中国心、中国情的快乐学习中国娃培养。第二，建构学习品质指标，即将学习品质单独研究与呈现，甚至将其排在首位，以此强调学习品质对于支持儿童所有领域关键经验发展的根本性驱动作用。第三，建构关键经验指标，即基于《3—6岁儿童学习与发展指南》，从健康、语言、社会、科学、艺术领域经验中择取那些对儿童发展具有重大意义且需要直接获取的经验，并据此建构基于五大领域的关键经验指标。第四，建构思维方式指标，即应立足我国二十大报告"深入实施科教兴国战略、人才强国战略、创新驱动发展战略"的主张，建构旨在促进儿童高阶思维发展的指标。

[①] 朱家雄，张婕，邵乃济，等．纪录，让儿童的学习看得见[M]．福州：福建人民出版社，2008：12．

2. 确保四维目标体系在 0—6 岁年龄段得以贯通式、一体化呈现

《中国学前儿童观察评价系统》评价对象应涵盖 0—3 岁和 3—6 岁两个阶段的儿童，应是针对 0—6 岁儿童的一体化的评价与发展系统。当前，推动中国学前教育由 0—3 岁和 3—6 岁两个割裂的二元化局面，走向一体化发展已成为一种趋势，并引起众多研究者进行教育理论与实践探索。《中国学前儿童观察评价系统》应具有理论前瞻性和实践指引性，在加强已有成果科学整合的同时，将不同年龄段儿童的观察评价工具进行整合，形成跨越 0—6 岁、面向所有适龄儿童、记录儿童所有关键领域发展轨迹的工具。

3. 特别关注并实质嵌入学前学会普通话的评价指标

《中国学前儿童观察评价系统》应特别关注并实质嵌入学会普通话的评价指标，以发挥兼顾少数民族地区儿童、促进教育起点公平的部分社会性功能。"学前学会普通话"行动是我国普通话普及与推广的行动，儿童语言学习成效如何，尚有待研制和使用科学合理的评价工具进行考量。基于此，在系统研制中国本土化的学前儿童观察评价工具时，应特别考虑在评价儿童各维度发展状况的基础上，以嵌入语言教育或者独立研究能用于真实语言情境的学会普通话评价指标，以评价与支持 0—6 岁少数民族地区儿童掌握运用国家通用语言的能力和思维习惯，这对于切实提升儿童整体的普通话听说能力，"不让贫困家庭的孩子输在起跑线上"，从源头上阻断贫困代际传递具有奠基性作用。

（三）情境与任务：将观察目标嵌入真实活动情境并任务化

1. 着力创设多种样态的真实活动情境

真实活动情境既决定了在哪里进行观察评价的问题，也决定了观察评价能否真正开始并有效推进的问题。学前儿童的观察评价离不开真实活动情境创设，即幼儿园教与学发生的真实活动情境既是学前儿童观察评价的重要场域，也是学前儿童观察评价的必备前提。为此，《中国学前儿童观察评价系统》应着力创设多种形态的幼儿园真实活动情境。第一，创设主题游戏活动情境，允许教师引导并支架儿童围绕"有准备的主题"，经由"有意图的环节"，聚焦"有深度的探究"，共享"有成长的成果"，达成"有意义的学习"。第二，创设区域游戏活动情境，允许教师引导并支架儿童通过"有准备的材料"，经由"有意图的环节"，聚焦"手脑并用的操作学习"，共享"思维进阶的学习成果"，达成"主动且有益学习"。第三，创设一日生活活动情境，允许教师引导并支持儿童共同建构和维护一日活动的常规，经由"有意图的环节"，发展儿童生活自理、与人交往、自我保护等能力，逐步养成良好的生活和学习习惯。

2. 切实在活动情境中嵌入观察目标并任务化

观察目标嵌入活动情境决定了观察评价什么的问题，直接影响到观察评价的有效性。幼儿园教与学发生的真实活动情境为学前儿童观察与评价创设了场域，准备了基础，但要想在活动情境中切实观察儿童典型行为表现并判断实际发展水平，还需在活动情境中提前嵌入观察目标并任务化、行为化，即观察目标要先转化为活动情境中具体的操作任务，再转化为任务中可观测、可评价的典型行为表现。也就是说，将观察目标的多重维度按照相互作用的关系整合为一个主题导向、任务驱动的情境任务目标，将结构化的、分点式的多维观察目标转化为系统的、整合的整体观察目标，再析出若干观测点位并具象化为儿童典型行为表现，建构条理化的具体观测行为。

（四）方法与工具：科学设定儿童发展进阶路径并规范编制评价工具

1. 借鉴心理发展阶段论科学设定儿童发展进阶路径

《中国学前儿童观察评价系统》应科学设定儿童发展进阶路径，为评价工具中儿童发展水平层级的划分奠定理论根基。首先，应立足于儿童各领域发展规律与儿童发展进阶路径的相关研究和理论，以我国儿童各领域关键经验发展规律为内部线索，依据我国儿童学习与探究某一主题时依次进阶、逐级深化的发展进阶变量，进行各领域及水平层级划分的评价设计。其次，应立足于儿童教育教学规律及相关研究和理论，依据我国儿童某一领域水平层级间的进阶，进行儿童发展从低水平迈向高水平的进阶过程设计。最后，应立足于儿童某一领域水平层级的典型行为表现，基于各个领域关键指标与层级水平划分提出有理论依据的假设，对不同水平层级儿童典型行为表现进行描述并对每个指标的水平层级进行案例描述，进行科学有效的观察评价系统的设计。

2. 基于儿童发展进阶路径规范编制评价工具

《中国学前儿童观察评价系统》应在借助儿童进阶发展路径确定评价工具中

儿童发展水平层级的基础上，进一步确保评价工具信度、效度达到科学规范的研制标准，具体应主要对以下5个命题进行验证：①专家认可观察评价系统的可用性，认为其能准确评价儿童的关键发展领域，即通过结构效度检验观察评价系统结构的覆盖范围是否准确代表了儿童发展的关键领域；②经过培训的教师在所有项目评分标准的应用上与专家达成高度一致，即通过评分者一致性信度检验评价和检测教师对评分类别和概念的掌握情况；③儿童各领域得分与评价类似内容领域表现的其他标准化工具量表上的得分高度相关，即通过外部效度检验内容领域能够像已有且较为成熟的评价工具那样获取儿童重要技能和知识的相关信息；④数据支持观察评价系统背后的领域划分理论；⑤评分标准的功能与开发人员的意图相同（例如对应5级评分量表的设计，能够在儿童实际发展过程中真实捕捉到儿童发展经历了这5个层级）。另外，《中国学前儿童观察评价系统》的信效度验证还可借鉴前沿方法，如项目反应理论，不断验证和修订层级水平假设，最终得到能够真实反映我国儿童各领域发展规律、科学评价我国儿童关键经验发展情况、有效帮助我国幼儿园教师支架儿童各领域全面发展的评价工具。

（五）成果与运用：利用评价结果促进儿童发展并实现综合生态效益

1. 利用评价结果促进儿童发展

《中国学前儿童观察评价系统》应具有全面性、真实性和发展性的特点，促进儿童发展。就全面性而言，《中国学前儿童观察评价系统》应不仅是面向0—6岁儿童的观察评价，能支持评价者整体把握儿童早期发展的连续过程和规律，而且能将儿童学习与发展的各领域关键经验作为评价点，支持儿童全面发展。就真实性而言，幼儿园教师撰写的逸事记录应能客观反映儿童的学习过程，无论是观察记录的场景，还是记录的形式，均具有真实性的特点。就发展性而言，《中国学前儿童观察评价系统》应强调不是根据评价结果去评定儿童水平的高或低，而应根据逸事记录科学评价儿童的发展水平，并采取针对性的支持策略促进儿童向更高水平的发展迈进，具有发展性的特点。

2. 利用评价结果实现幼儿园教师、幼儿园、家庭等共同发展的生态效益

《中国学前儿童观察评价系统》应在促进儿童发展的基础上，实现幼儿园教

师、幼儿园、家庭等共同发展的生态效益。在幼儿园教师发展方面，《中国学前儿童观察评价系统》作为"观察—记录—评价—支持"4步循环往复、螺旋上升的评价模式，每一个环节都有具体的方法和工具，帮助教师牢牢把握儿童学习与发展的科学规律，准确判断儿童学习与发展的当前阶段，并采用针对性支持策略，一改过去凭经验教学、凭感觉互动的弊端，获得专业成长。在园所发展方面，幼儿园持续发展的核心是教育的过程性质量持续提升，《中国学前儿童观察评价系统》应聚焦儿童活动过程观察、记录、评价与支持，将教师的支持策略与评价系统紧密结合，提升活动过程中的师幼互动质量，通过评价与改进不断优化课程组织与实施，持续提升幼儿园教育的过程性质量，进而有效推动幼儿园的持续发展。可以说，《中国学前儿童观察评价系统》应该是保障和推动幼儿园教育改革发展的重要手段，是幼儿园可持续发展的动力之源。在家园共育方面，《中国学前儿童观察评价系统》应切实重视儿童评价过程的家园合作，发挥家长在儿童评价中的重要作用，创建家园合作的评价机制，研制家园合作评价工具，共同促进儿童的学习和发展。具体而言，《中国学前儿童观察评价系统》一方面应通过《家庭沟通报告》等形式，让家长获取儿童在各个关键领域的发展水平信息，另一方面应提倡家长与幼儿园教师沟通儿童在家庭中的活动情况，加深双方对儿童的了解，从而对儿童做出更为准确的评价，以实现家园协同共育。

综上，高瞻课程模式的《学前儿童观察评价系统》（COR Advantage）是具有国际影响力的儿童观察评价工具，也是得到有效性验证的科学、规范的儿童观察评价工具。他山之石，可以攻玉。我们应该对其进行充分认识和研究，借鉴和参考其结构维度、层级划分、编制路径和使用策略，系统思考《中国学前儿童观察评价系统》的性质与地位、目标与结构、情境与任务、方法与工具、成果与运用，并通过学前儿童观察评价推进高质量幼儿园课程的"以评促建"，以系统建构教、学、评、促一体化的中国高质量学前教育发展新生态。

北京师范大学　霍力岩

2023年1月5日

目　录

■ **第一部分**
《学前儿童观察评价系统》（COR Advantage）使用指南　001

《学前儿童观察评价系统》（COR Advantage）概述　002
《学前儿童观察评价系统》（COR Advantage）的使用　006
常见问题　014

■ **第二部分**
《学前儿童观察评价系统》（COR Advantage）评分指南　019

学习品质　021
社会性和情感发展　031
身体发展和健康　047
语言、读写和交流　057
数学　079
创造性艺术　095
科学和技术　109
社会学习　123
英语语言学习（如果适用）　133

第三部分
《学前儿童观察评价系统》（COR Advantage）配套材料　139

　　逸事手册　141
　　幼儿总结表　155
　　班级总结表　159
　　家庭手册　169
　　家庭报告表　173

参考文献　185
后　　记　187

第一部分
《学前儿童观察评价系统》(COR Advantage)[①] 使用指南

本部分是为教师或使用《学前儿童观察评价系统》(COR Advantage)的工作人员设计的,以帮助他们更好地掌握最新的高瞻儿童评价工具。

本部分首先对《学前儿童观察评价系统》(COR Advantage)进行了概述,包括该系统的评价内容、组成和结果的多种使用方式。

其次,阐述了《学前儿童观察评价系统》(COR Advantage)如何实施优质评价,如何观察学前儿童的发展,如何收集和组织观察信息,如何撰写逸事记录,如何持续使用档案袋,如何为逸事匹配发展水平,如何填写总结表格,以及如何使用《家庭报告表》等与家长分享信息。

再次,提供了关于该系统的常见问题和解答。更多关于该系统的内容和管理、培训方法以及使用信息,请访问该系统官网(www.coradvantage.org)。

---

① 本工具由高瞻教育研究基金会和高瞻早期教育评价中心开发,开发者包括:安·爱泼斯坦 Ann S.Epstein)、贝丝·马歇尔(Beth Marshall)、苏姗·盖斯利(Suzanne Gainsley)、凯西·奥尔布罗(Cathy Albro)、吉尔·克拉克斯顿(Jill Claxton)、贝丝·哈丁(Beth Hardin)、丽贝卡·詹姆斯(Rebecca James)、莫莉·乔丹(Molly Jourden)、香农·洛克哈特(Shannon Lockhart、黛安娜·卢克(Dianna Luke)、珍妮·蒙铁(Jeanne Montie)、波莉·尼尔(Polly Neil)、卡伦·拉什(Karen Rush)、卡伦·索耶斯(Karen Sanyers)、克里斯蒂娜·斯奈德(Christine Snyder)、埃米莉·汤普森(Emily Thompson)、若林知子(Tomoko Wakabayashi)、项宗萍(Zongping Xiang)、弗吉尼亚·马奇曼(Virginia Marchman)和埃弗里特·史密斯(Everett V.Smith)。

《学前儿童观察评价系统》(COR Advantage)概述

《学前儿童观察评价系统》(COR Advantage)是以观察为基础的评价工具

《学前儿童观察评价系统》(COR Advantage)是一种观察工具,具有发展适宜性和高信度、高效度的特点,也便于使用。它是针对学前儿童的评价工具,包括8个领域的内容:学习品质,社会性和情感发展,身体发展和健康,语言、读写和交流,数学,创造性艺术,科学和技术,社会学习,另外还包括英语语言学习(针对母语非英语的儿童)。每个领域均包含早期学习关键概念,总共34个条目和2个附加条目。在一段时间内,观察者(教师、照顾者、家庭成员或是研究者)基于客观观察做逸事记录,在水平0(最低)到水平7(最高)这8个水平上记分。

《学前儿童观察评价系统》(COR Advantage)提出了8个连续发展的水平,所以儿童可以在适宜的水平上得分。例如,婴儿和学步儿可能在最低水平上记分,略大一些后可能开始在较低水平上记分,年龄更大后可能在较高的水平上记分。根据年龄和发展水平,系统会建议一个起始点,这个点可以上下浮动。该系统可容纳有特殊需要和发展滞后的儿童,以及在一些领域比其他儿童发展更快的儿童。为了帮助观察者可靠而妥当地使用本系统记分,这个测量工具对每个领域、每个评价条目、每个发展水平都有简短的说明。此外,在每个水平得分上,均有两则逸事记录的范例,用以对儿童的行为进行解释。不像某些测试只是隔一个水平进行定义(可能在最低水平是空白的),《学前儿童观察评价系统》(COR Advantage)为所有8个得分水平均提供了定义和例子。这减少了记分的混乱,并且最大限度地提高了评分信度。关于评价测量的可靠性和有效性研究的信息,请访问高瞻官网(www.highscope.org)。

高瞻课程模式强烈建议使用本系统的工作人员,去参加面对面或在线的培训课程,以获得关于客观逸事记录和准确记分的指导,进而得到信度、效度高的结果。要了解更多关于在线《学前儿童观察评价系统》(COR Advantage) 的工具和培训方案，可以浏览高瞻官网。

《学前儿童观察评价系统》(COR Advantage) 与美国各州早期学习标准、提前开端计划、早期提前开端计划、共同核心标准等是一致的，详见该系统官网（www.coradvantage.org）。本系统适合任何发展阶段的儿童。这一测量也与高瞻课程模式的关键发展指标相一致，"儿童的行为反映了发展中的智力、情感、社会性和身体的能力"。请详见《学前儿童观察评价系统》(COR Advantage) 的领域和条目。关于对各领域及条目的解释、记分标准以及实例，请参见《〈学前儿童观察评价系统〉(COR Advantage) 评分指南》（以下简称《评分指南》）。

《学前儿童观察评价系统》(COR Advantage) 的组成

《使用指南》解释了《学前儿童观察评价系统》(COR Advantage) 的格式、内容以及使用方法。虽然这个指南提供了每一步的说明和指导，但是它并不能代替培训。高瞻课程建议所有初学者参加专门的培训课程。

《评分指南》包含了《学前儿童观察评价系统》(COR Advantage) 的所有条目、8+1 个内容领域的具体描述，总共 36 个条目（其中包括两个关于英语语言学习的条目），每个条目下分 8 级水平。为了帮助使用者将特定的逸事与最适宜的条目及水平对应，每个条目都会在每级水平上给出两个典型行为的例子。

《逸事手册》用于记录儿童的逸事（逸事指教师对儿童具有重大发展意义的行为进行观察后所做的简要记录）。这本手册根据《学前儿童观察评价系统》(COR Advantage) 的条目来设计。制作有关儿童和班级的总结表时，这本手册还可以提供大量有用信息。

《幼儿总结表》可多次使用，以总结和填写每一名儿童的重要信息。该表中《学前儿童观察评价系统》(COR Advantage) 的每个条目都有 4 个空格（可在 4 个时间节点使用），分别填写相应的结果，并且计算平均得分。

《班级总结表》也可多次使用，以总结集体的结果，最多可用于 24 名学前儿童。这个表格可以记录每名学前儿童在每一个条目上的得分，可以记录集体

《学前儿童观察评价系统》(COR Advantage)的评价内容

学习品质
A 主动性和计划性
B 使用材料解决问题
C 反思

社会性和情感发展
D 情感
E 与成人建立关系
F 与其他幼儿建立关系
G 集体
H 冲突解决

身体发展和健康
I 大肌肉运动技能
J 小肌肉运动技能
K 自我照顾和健康行为

语言、读写和交流
L 表达
M 倾听与理解
N 语音意识
O 字母知识
P 阅读
Q 图书知识与乐趣
R 书写

数学
S 数字和点数
T 几何：形状与空间意识
U 测量
V 模式
W 数据分析

创造性艺术
X 视觉艺术
Y 音乐
Z 律动
AA 假装游戏

科学和技术
BB 观察与分类
CC 实验、预测和得出结论
DD 自然和物质世界
EE 工具和技术

社会学习
FF 对自我和他人的认知
GG 地理
HH 历史

英语语言学习（如果适用）
II 英语听力与理解
JJ 英语口语

在每个条目上的平均得分，从而记录集体的成长。

《家庭手册》解释了《学前儿童观察评价系统》（COR Advantage）是什么以及如何利用它去支持学前儿童的发展。家长们也会得到《家庭报告表》，了解更多信息。

《学前儿童观察评价系统》（COR Advantage）还包括桌面海报、逸事便利贴、逸事袋、文件夹等。

《学前儿童观察评价系统》（COR Advantage）结果的使用

教师与其他工作人员如何使用《学前儿童观察评价系统》（COR Advantage）

教师使用《学前儿童观察评价系统》（COR Advantage）的主要目的是评价儿童的成长。除此之外，他们可能会看一小组以及全班的整体得分。工作人员同样可以利用该系统了解他们是否正充分地支持着课程的所有内容领域。如果没有的话，他们会计划去拓展儿童的学习机会。比如，他们如果发现在某个类别里几乎没有记录逸事，就会计划用更多的材料或者更多的活动去支持儿童在这个领域的发展。熟悉《学前儿童观察评价系统》（COR Advantage）的类别、条目以及水平便可以帮助教师了解儿童的发展。将《学前儿童观察评价系统》（COR Advantage）作为计划工具，能使教师更好地支持儿童的发展。

家庭与《学前儿童观察评价系统》（COR Advantage）

当家庭熟悉《学前儿童观察评价系统》（COR Advantage）后，他们会更好地理解教师提供的儿童发展信息，也会利用自己的观察去补充教师的观察。教师会偶尔与家庭成员分享儿童日常的逸事。教师也可以在家长会上分享评价的结果（没有等级），谈论在幼儿园使用的策略，建议家长可以在家里做些什么，如可使用典型的家庭材料和活动进一步支持儿童的早期学习。这些交流保证了开放的交流渠道，鼓励了家庭的参与，进一步巩固了家庭与教师之间的联系，对儿童的成长来说很有必要。

在早期开端计划和开端计划项目中使用《学前儿童观察评价系统》(COR Advantage）的结果

如前所述，《学前儿童观察评价系统》(COR Advantage）和早期开端计划、开端计划以及早期学习指南紧密结合，在该系统官网（www.coradvantage.org）上可以看到具体的对比。这使得检测和记录儿童在各领域的发展变得更容易。

其他对《学前儿童观察评价系统》(COR Advantage）结果感兴趣的人

还可能发现《学前儿童观察评价系统》(COR Advantage）结果有用的人，包括：其他与儿童和教师互动的工作人员（如治疗师、特殊教育专家以及培训师），对记录学前教育机构或儿童随时间的变化感兴趣的管理者，渴望看到自己的支持是如何影响儿童成长的投资者，以及需要关于儿童发展和早期教育计划有效数据的研究者和评价者。

《学前儿童观察评价系统》(COR Advantage) 的使用

使用逸事和档案

《学前儿童观察评价系统》(COR Advantage）的核心是通过简要记录（"逸事"）和依据各领域条目来收集那些有关儿童重要行为和活动的信息。

1. 逸事

逸事记录或者逸事是指对儿童言行的简短描述，这种描述要突出儿童的重要日常行为。学会客观地记录逸事对于希望使用《学前儿童观察评价系统》(COR Advantage）的教师来说是很重要的。去参观任何早期教育机构，你都会听到教师和另一位教师或者家长们分享儿童的逸事。"看塔姬娅[①]，她要开始打

[①] 鉴于书中出现大量幼儿和教师的名字，为行文和阅读方便，不一一标注英文。——译者注

滚啦!""今天午饭的时候,罗斯塔自己从杯中倒出果汁。""在我帮助拉里穿滑雪裤时,他拉起自己的衬衣,拍了拍自己的肚子说:'我肚子被我中午吃的通心粉和奶酪塞满啦!'"无论他们能否意识到,教师和家长们都在经常性地描述着儿童的重要行为。类似这样的每日观察都是《学前儿童观察评价系统》(COR Advantage)评价过程的重要数据来源。在接受评价培训期间,教师和其他员工要学习去识别这些行为并系统化地记录。

做逸事记录时,首先,假装自己是一位专业的摄影师会有所帮助——只不过你是通过一些文字而不是照片来捕捉一个瞬间。其次,在事件进行时,写下儿童的姓名、日期以及一些重要细节,如事件发生的时间、地点、人物(如果适宜),并且用关键词描述儿童言行。再次,写完一则逸事后,除了描述《学前儿童观察评价系统》(COR Advantage)条目中哪一条最符合这名儿童,还要考虑是否可能和另一或更多条目有交叉(关于互为参照的更多信息以及怎样简化逸事记录过程,详见下文)。最后,在每个条目下的 8 级发展水平中,判断是第几级。如果你在记录逸事时就可以确定它属于哪一级发展水平,那么当你填写有关总结表时,你就会更得心应手。你可能会选择一则逸事(不包含水平)分享给家长,要么是在日常交流时,要么是在一次安排好的家长会中。

2/21 在选择时间,马尼(照顾者)和托尼在娃娃家打扮自己。当马尼戴上粉色的插有大羽毛的小帽子时,托尼看着她笑,并说:"你看起来真傻!"

在这里,适宜的记分为:条目 L "表达",2 级水平:幼儿说出含两三个词的短语来指代人、动物、物品或动作。这则逸事也能交叉引用于条目 E "与成人建立关系",2 级水平:幼儿找到一个熟悉的成人交流(至少使用一个单词)自己的一个简单的需求或欲望。

2/15 在工作时间,在积木区,阿尔泰亚把 3 把椅子放在一排积木上,用清扫机的管道做了一对护目镜,把蜡纸贴在自行车头盔上当太空头盔,用塑料球和钉子做成了操控杆,用亮贴片和一张长而厚的纸做成了太空披风。当地准备好了,她说:"卡尔、朱连妮,上船。这艘火箭船即将快速起飞,飞向夏威夷!"在卡尔的建议下,阿尔泰亚把操控杆向前推,火箭船起飞了。

这则逸事将记录在条目 AA "假装游戏"下,6 级水平:幼儿创造包含 5 个或更多细节的道具或服装来支持并拓展假装游戏。它也可以交叉引用于条目 F "与其他幼儿建立关系",5 级水平:幼儿通过提出想法或整合其他幼儿的想法与两名或更多幼儿进行合作游戏。

2. 识别《学前儿童观察评价系统》(COR Advantage) 的领域、条目和水平

把每一则逸事分配到适宜的评价条目和水平需要一些练习。有关评分的指南将会帮助你为每一则逸事找到最相匹配的条目及水平。该指南解释了每一个条目中 8 级水平典型行为并给出了实例。一旦你熟悉了所有的条目和水平,你将只需要偶尔参考一下。

3. 档案

"档案"这种方式可以系统地收集和组织一名儿童成长的具体证据,并为完成《学前儿童观察评价系统》(COR Advantage) 提供有价值的数据。教师经常在逸事记录中引用档案中的内容作为支持证据。档案里一般会包括绘画、涂鸦、书写等作品,有时也有儿童活动的照片、录音或录像。教师能够创造性地创建档案,如:给一个正在跟着音乐摇摆的学步儿拍摄视频;把儿童搭积木的过程分阶段拍下来;给在小组活动时间唱歌的一名儿童录音。

4. 记录的指导原则

只有收集到好的逸事,你才能在《学前儿童观察评价系统》(COR Advantage) 的总结表上填写信息。每一则逸事虽短,但也应包括足够的信息来提醒几周前、几个月前或者是更早时候发生的事情。以下是记录的指导原则。

- 简短。自创一个记录系统,使你的记录尽可能简短,包含能够帮助你之

后去识别正确条目和水平的足够细节即可。
- 记录日期。因为你在观察儿童随时间的变化，所以记录日期很重要。
- 记录具体时间、地点和人物。除了记录日期，还要记录在一日生活的什么时间、哪个区域、和谁一起活动等。
- 包括关键细节。一开始是行为的背景，接着描述行为，最后是结果（如果有的话）或儿童关于行为的解释。[5/11 在工作时间（何时），汉娜（谁）在玩具区（何地）玩磁力板。她先把所有的方块从大到小排成一行。接着，她直接按照同样的排序方式把圆排列在方块下面（她做了什么）。]
- 坚持事实。描述行为，但不要解释行为。客观描述（"当艾琳拿走消防车时，特德大声对艾琳说：'不要！'"），不要使用主观的陈述（"当艾琳设法拿走消防车时，特德大发脾气。"）。
- 符合实际。记录每一名儿童、每一个条目、每一天的逸事是不可能的，但是可以对每名儿童每周观察几次，这样，我们可以每天聚焦于一部分儿童或某个条目。如：在某天的小组活动中特别关注这一半儿童，剩下的一半可以在另一天关注；或者寻找和某一两个领域比如数学和创造性艺术相关的行为，接着在随后的几天里选择另一领域。如果你发现自己对于某些儿童或条目的记录比较简短，你应在接下来的几天特别收集逸事以填补空缺。
- 关注内容而非形式。逸事重在记录发生了什么，不要仅仅去寻求"正确的措辞"或是其他次要细节。
- 在已经进行了一到两周的逸事记录后，进行反思。你将会吃惊地发现自己已经从班里儿童身上了解到了丰富的信息。

5. 有效记录建议

做记录时最重要的是发现对你而言最有效的方法，并且可以持续使用。以下是一些使用《学前儿童观察评价系统》（COR Advantage）的教师所提供的建议。

- 花时间了解《学前儿童观察评价系统》（COR Advantage）。完整阅读《评分指南》，并且开始慢慢熟悉你将要找寻的概念和行为，特别要注意其中所举的逸事案例。
- 每天花 15~30 分钟记录你的观察。寻找一个适合你及你所在机构的时间（理想时间是在你日常的团队计划时间、午睡时间或儿童离园时间），留出这个时间段来回顾并且记录你的观察。
- 逸事记录应贯穿于你和儿童互动的一整天。寻找一个适合你并且不会影响你与儿童互动的记录方式。
- 在教室里或你的口袋里等放置《学前儿童观察评价系统》（COR Advantage）便利贴（如果有的话），以随时随地记录。
- 有选择地记录。随着你对《学前儿童观察评价系统》（COR Advantage）的条目越来越熟悉，并且对观察记录越来越有经验，你在做记录和决定它们适用哪一条目和水平时将变得更高效。
- 标注日期并保留儿童的作品。如果你为儿童的档案收集了一些作品（如一幅画或一幅画的照片），你也许会发现在其背后注明所适用的条目会很有帮助。记住，如果你计划和家长分享，那就不要标注水平。
- 手中时刻要有相机或记录本，以便捕捉儿童的行为或记录你的观察。照片或者录音可以很好地保留那些在一天活动结束后很容易被忘记的细节。照片或者录音也有助于丰富儿童的档案，便于与家长分享。
- 当你在教室特定区域工作时，要专注于收集逸事，特别是在一天中儿童自主选择活动的时间（通常为选择时间、工作时间或自由活动时间）。根据儿童的年龄，你可能会吃惊地发现，仅在该区域就有多少种不同的条目和水平适用。如：在艺术区，除了明显的"视觉艺术"外，当儿童试着把颜料挤在画笔上而不使颜料滴落时，你可能会观察到"使用材料解决问题"；当儿童将颜色描绘成"快乐"时，你可能会观察到"情感"；当儿童在切橡皮泥时，你可能会观察到"小肌肉运动技能"；当儿童描述他如何使用材料时，你可能会观察到"言语"；当儿童一勺又一勺添水让橡皮泥变软时，你可能会观察到"测量"；当儿童使用交互式绘画软件时，你可能会观察到"工具和技术"。

- 交叉引用你的逸事记录和档案条目。通常一则逸事记录或一件儿童作品会被用在多个条目中。如以下的逸事记录就可以用于"情感""与其他幼儿建立关系"和"表达"。（5/14 在选择时间，丹尼尔和马瑞沙背靠背坐着，丹尼尔把头往后靠，直到碰到了马瑞沙的头。他笑着，哼着，并重复这个动作。）

- 在制订计划时，利用日常逸事记录、《逸事手册》和各总结表。提供能够鹰架（支持并适当扩展）儿童学习的材料和活动。

- 使用《学前儿童观察评价系统》(COR Advantage) 来收集、组织和总结你的数据。除了《评分指南》所列举的条目和水平（和例子）之外，使用桌面海报、文件夹、逸事袋、逸事便利贴、家庭手册和总结表来记录儿童的发展，制订日常计划，与儿童互动，并且与管理者、同事和儿童家长分享。

填写《学前儿童观察评价系统》(COR Advantage) 各总结表

1. 利用《学前儿童观察评价系统》(COR Advantage) 中的条目确定儿童的发展水平

从《评分指南》中选择最能代表逸事所描述儿童行为的条目和水平，可以参照儿童档案中的附加信息来记分，尤其是当其具有代表性时，在相应水平上做一个记录，确定水平。更为理想的是有两个或更多的记录来确定这个水平。

2. 填写《幼儿总结表》

《幼儿总结表》允许将所有收集的发生于同一地点的逸事数据放在一起。将总结表中的每一项，按列记分。如果某个条目有多则逸事，则选择最高水平记录。如果某些条目分数缺失，在接下来的几天收集相关逸事。每个类别下有诸多条目，以各条目平均分作为该类别的分数。

3. 填写《班级总结表》

当你完成所有《幼儿总结表》后,你就有完成《班级总结表》的所有信息了。按行(姓名)和列(4个时间节点)填写。在该表底部,计算每个条目的班级平均分。

4. 完成《学前儿童观察评价系统》(COR Advantage)报告

应该由最熟悉儿童以及测评的工作人员来完成《学前儿童观察评价系统》(COR Advantage)报告。尽管观察记录逸事并打分贯穿全年,但是可能一年里要完成2~4次《幼儿总结表》和《班级总结表》,例如分别在学期开始的时候、学期中间的时候、学期结束的时候。你一年要填写4次数据以便追踪进度。

与家庭成员分享

除了分发和讨论《家庭手册》以及每天或每周非正式的交流,工作人员还应在家长会(至少一年两次)提供《家庭报告表》,分享逸事和文件资料。至于《学前儿童观察评价系统》(COR Advantage)的每一个领域,首先会通过一小段对儿童发展的描述来反映他们的得分(并不会公布分数),然后是一些逸事。对儿童发展的描述应该是对应每一条目水平的说明,而并不呈现分数。比如,在儿童发展档案中,条目"用材料解决问题"属于"2级水平"。你可能会简单地说,玛姬在用材料解决问题时寻求帮助,然后你至少会记录一则逸事,如在点心时间,玛姬用力开苹果酱瓶盖,然后把瓶子递给罗宾说:"请帮我打开。"(注意:由于数字经常会被错误解释并且常被视为最终得分,仅仅分享有关逸事的信息可能更有用)大多数家庭都很乐意参与评价过程,并根据这种评价发现儿童优点和形成中的各种能力,为其设立目标。你也可以列举一些具体实例,而这些例子必须能够表明儿童已掌握一些技能,迎接新的挑战,朝着新的方向发展。

《家庭报告表》举例（部分）

玛姬·亨德森
报告日期 06/02/15　2014～2015 学年

学习品质

发展概况：

　　玛姬用一个简单句表达了自己的计划并开始实施。她在用材料解决问题时寻求帮助，她说了件她刚刚完成的事情。

支持性逸事：

　　4/22 在计划时间，玛姬把她的与字母相关的符号（letter-link symbol）放在了娃娃家的公告牌上，说："娃娃家。怪物玩捉迷藏。"她指出了前一天扮演怪物的孩子，然后进入娃娃家。

　　5/14 在点心时间，玛姬用力开苹果酱瓶盖，然后把瓶子递给罗宾，说："请帮我打开。"

　　4/19 在反思时间，玛姬回忆说："怀亚特、基拉、艾比，可怕的怪物。我说：'阻止怪物！'"

社会性和情感发展

发展概况：

　　玛姬解释情绪背后的原因。她请求一个成人和她一起玩或者做。玛姬直接与另一个孩子对话。她在一日生活各环节转换。她想用简单的方式解决冲突。

支持性逸事：

　　5/1 工作时间，在娃娃家，玛姬说："我的孩子哭了，她撞了头。"

　　4/18 户外活动时间，玛姬抢到了球，把它递到罗宾面前，说："要玩我的足球吗？"然后他们开始互相传球。

　　5/6 工作时间，在沙水桌，玛姬和布拉克一起玩青蛙，她问布拉克："你的青蛙跳吗？"

　　4/18 吃过点心后，玛姬放好她的杯子和碟子去参加集体活动。当罗宾提醒她扔掉餐巾纸时，她跑回桌子旁扔完纸后又跑去参加集体活动。

　　3/28 户外活动时间，玛姬和另一个孩子拽着同一个秋千。玛姬说："轮到我了。"然后她绕过那个仍然拽着秋千的孩子爬了上去。

《学前儿童观察评价系统（升级版）》（COR Advantage）使用步骤

- 全天候观察儿童的一言一行。
- 记录逸事并收集其他素材，如照片、录音、视频、绘画、文字材料等。
- 记下儿童特别的言语，这些对于后续记分很重要。使用便利贴会更方便。
- 确保标注出每则逸事和儿童作品的时间。
- 每则逸事要包括关键信息：时间，地点，背景，涉及的人物，人物做了什么，说了什么，行为的结果。
- 使用《评分指南》对逸事或者儿童作品进行记分。连同条目和水平记录在《逸事手册》里。
- 定期回顾逸事记录，防止遗漏某个领域或者事件，确保不错过某个时间节点。
- 完成《幼儿总结表》（一年 4 次），在对应日期填入分数，确保每次记录中都有至少一则高质量的逸事。如果每个条目有多则逸事，填写等级最高的。根据说明计算平均分和总分。
- 完成《班级总结表》，每一个周期都要填入分数，根据说明计算每一项的平均分。
- 把信息分享给家长，发放《家庭手册》并开展讨论，至少一年召开两次家长会，分享《家庭报告表》，还有档案材料（不包括水平级别）。告诉家长在家可以如何支持孩子的发展。

常见问题

问：由谁完成《学前儿童观察评价系统》（COR Advantage）？

答：由最熟悉儿童的教师来填写。为了协助教师准确评分和填写这一系统，我们强烈建议进行《学前儿童观察评价系统》（COR Advantage）培训。

问：我应该什么时候完成《学前儿童观察评价系统》(COR Advantage)？

答：教师每天都要记录逸事并记分，时间可以根据情况自己决定。教师通常一年完成两三次评价，例如在学期开始、期中和学期结束。提供全年服务的机构可能会有第四次评价。

问：我从哪里得到信息以完成《学前儿童观察评价系统》(COR Advantage)？

答：教师在《逸事手册》中记录每名儿童的情况，并且在档案中保存儿童完整的作品。在评价时，可回顾这些材料并且使用《评分指南》来判断儿童的发展水平。

问：我每天需要写多少则逸事记录？

答：对于每天应该写多少则逸事记录没有数量上的规定。每天在每一个领域给每一名儿童写记录是不现实的，但是每天记录一些儿童的逸事或者一些领域的情况是可以实现的。

问：我可以将一则逸事或者一件儿童作品用在多个条目中吗？

答：可以。逸事或者儿童档案可以用作支持性材料，用于一个或者更多的条目。逸事可以交叉引用。

问：是否有一个交叉引用的格式？

答：我们建议你把逸事放在一个条目之下，并且在最后标注"参见条目____"。然后翻到《逸事手册》相关条目所在页面，写上"见条目____月____日"，并且记上分数。这就省去了再写一遍逸事的麻烦。

问：为什么我记录的一些逸事不适合《学前儿童观察评价系统》(COR Advantage)的任何领域？

答：《学前儿童观察评价系统》(COR Advantage)中的条目是早期教育工作者普遍认为的发展里程碑或必要指标。然而，其他指标或主题也是有价值的。

因此，即使你不能在《学前儿童观察评价系统》（COR Advantage）中给它们打分，你还是可以基于它们理解儿童并制订计划，或者与家长分享。

问：《学前儿童观察评价系统》(COR Advantage) 对制订课程计划有帮助吗？

答：有帮助。因为《学前儿童观察评价系统》（COR Advantage）评价的范围很广，年龄跨度也很大，它能帮助教师在制订课程计划时注意到所有的领域和所有的能力水平。逸事记录也可以帮助你计划活动——依据你对儿童当前兴趣的观察。如果你注意到你的逸事记录和儿童档案存在差距，你可以此为契机设计相关活动。

问：所有儿童将会在所有领域表现出进步吗？

答：一些儿童会表现出在某些领域中显著成长，但是在其他领域好像停滞不前。有些儿童在所有或者多数领域表现出稳定的成长。这是发生在任何儿童群体中的正常而自然的发展差异。如果你注意到你的班级作为一个整体并没有在一年中有所进步和发展，你可能需要去回顾和反思，确保你提供的是适当的材料和经验。

问：水平是什么意思？例如，是否所有的3岁儿童都应该被记为3级水平？

答：在年龄和记分水平之间没有精确匹配。在《学前儿童观察评价系统》（COR Advantage）中，随着儿童的成长，儿童的得分也会上升，但是这并不意味着学步儿应该是2级水平或者学前班儿童应该是6级水平。开始时，教师可能在给婴儿和学步儿记分时着眼于3级水平，在给幼儿记分时着眼于2~5级水平，在给学前班儿童记分时着眼于4~7级水平。这些重叠的水平意味着正常的发展有较大范围。一旦教师对每名儿童的水平有了了解，接着他们可以着眼于相邻的水平。

问：在《学前儿童观察评价系统》(COR Advantage) 中有年龄发展常模吗？

答：因为年龄发展常模经常被用来贴标签，限制稍小的儿童的发展，我们既不推荐也不提供年龄发展常模。儿童在发展水平和不同领域学习上的差异是广泛存在的。我们应该关注儿童自身随着时间的成长和进步，而不是横向比较，这样教师可以更加有效地支持每名儿童的发展。

问：我是否应该和家长分享对儿童逸事的记分？家长经常会将其看作对学前儿童的评价，他们希望看到记分，即使对于学步儿也是如此！

答：因为分数会被误解或者引起不必要的焦虑，我们不推荐和家长分享分数。我们推荐分享逸事以及对每个发展水平的叙述。《家庭报告表》及其他档案材料，比起分数能提供更多信息，并且可以引导家长开始分享他们的观察，和教师交流在家中拓展儿童学习的方法。

问：《学前儿童观察评价系统》（COR Advantage）是否可以用于早期提前开端计划和提前开端计划中？《学前儿童观察评价系统》（COR Advantage）如何与早期提前开端计划、提前开端计划以及早期学习指南匹配？

答：《学前儿童观察评价系统》（COR Advantage）根据早期提前开端计划以及提前开端计划的要求开发，和早期提前开端以及提前开端计划有着共同的发展和评价观。详情请访问该系统官网（www.coradvantage.org）。

问：《学前儿童观察评价系统》（COR Advantage）能否用来评价有特殊需求的儿童？

答：能。《学前儿童观察评价系统》（COR Advantage）是基于儿童的发展水平，而不是基于年龄。因为它视儿童的发展为一个连续的过程，教师可以用来对儿童广泛能力的发展进行观察和评分。本系统同时适用于有特殊需要的儿童，这些儿童可能在不同领域的发展水平是不一样的（如他们的社会交往能力可能强于数学能力）。

问：我能否用《学前儿童观察评价系统》（COR Advantage）来制订个性化教育计划？

答：可以。《学前儿童观察评价系统》（COR Advantage）的领域划分以及条目涵盖小肌肉和大肌肉运动技能、语言发展以及自我照顾等,此外也关注到了需要特殊教育的人。

问:《学前儿童观察评价系统》(COR Advantage)能否用来筛选儿童?

答:不能。《学前儿童观察评价系统》(COR Advantage)不是用来筛选有问题和有缺陷的儿童的。筛查工具通常测查儿童在某一个时间节点上的水平,过去常被用于决定儿童的安置或者待遇。相反,《学前儿童观察评价系统》(COR Advantage)是在自然的情境下观察儿童,儿童会在一段时间参与各种各样的活动。

问:《学前儿童观察评价系统》(COR Advantage)能否用来评价教师?

答:不能。《学前儿童观察评价系统》(COR Advantage)不是评价教师的工具。《学前儿童观察评价系统》(COR Advantage)一直以来是一个评价儿童发展水平的工具。然而,《学前儿童观察评价系统》(COR Advantage)可以与《学前教育机构质量评价系统》(PQA)配套使用,供教师支持儿童学习及发展。

第二部分
《学前儿童观察评价系统》（COR Advantage）评分指南

《学前儿童观察评价系统》（COR Advantage）通过8个内容领域对儿童早期的发展进行评价，这8个领域分别是：学习品质，社会性和情感发展，身体发展和健康，语言、读写和交流，数学，创造性艺术，科学和技术，社会学习。第9个领域针对英语语言学习者，如果适宜也可以使用（也就是说，如果幼儿的母语不是英语的话，也可以使用第9个领域的评价）。前述内容领域中的每个内容领域均包含了儿童早期学习中的关键经验，共计34个条目。如评价第9个领域，可以加上两个条目。由观察者（如教师、照顾者、家长或研究者）基于观察随时进行记录，每个条目都分8级水平，从0（最低）到7（最高）。为了让记分有效可靠，每个领域、条目和水平均有两则逸事记录作为范例。

学习品质

　　学习品质关注的是幼儿如何获得知识与能力，其中包含着有时被我们称为"批判性思维"或"决策"的能力。积极主动的学习态度对幼儿未来学校生活乃至将来成年后的成功至关重要。从学前期到小学低年级，他们会使用不同的方式学习。每个人都拥有独一无二的气质、习惯和喜好，这些都会影响他们对周围的世界及其中的人的探索、感知，影响他们的结论。

A 主动性和计划性

从出生伊始，幼儿就会主动地选择感兴趣的并对自身有意义的事，展示他们对学习的渴望。作为主动的学习者，他们做决定和计划的意识性与目的性在逐渐增强。他们的计划也随着年龄增长变得更复杂，有时需要花费几天才能完成。

水平 0	幼儿转向或远离某个物体或人。
解释	幼儿转动头或整个身体，朝向自己感兴趣的东西（如某个人、物体或声音），或者远离、回避一些东西（比如大风和强光）。
例子	• 10/22 在进餐时间，乌苏拉（照顾者）给了米可一瓶水。米可喝了一半，然后把头扭得离瓶子远远的。 • 5/9 艾丽萨在地板上躺着，当玛瑞安（照顾者）说话时，她把头转向了玛瑞安。
水平 1	幼儿持续移动，直到够到渴望的物体或人。
解释	幼儿尽其所能地靠近自己感兴趣的人或物体。[注：记为这一水平的标准是幼儿必须坚持够到他们想要的物体或人为止。]
例子	• 8/7 罗伯特迅速跑到凯特（照顾者）身边，抓住她的裤腿，微笑地看着她。 • 12/4 安娜爬到桌子底下捡起球，又爬了出来。
水平 2	幼儿能用一两个词表达自己的意图。
解释	幼儿能用一两个词表达自己的意图，如命名物体（球）或表达一种渴望（爬上去）。幼儿可以表达自己的意图，或者在两者中选一个，如是玩积木还是捏玩具。[注：这可以发生在一天内的任何时间（不仅仅局限于计划时间）。]
例子	• 8/24 在户外，兰顿兴奋地大喊一声"跑"，然后跑上一个小山丘。 • 2/17 在集体活动时间，米利萨问萨拉想唱什么歌。萨拉回答"倒下"，表示她想唱《围着罗西转圈圈》。

水平 3	幼儿能用一个简单的句子描述自己的计划并完成计划。
解释	幼儿可以用一句话描述自己的计划，如想去哪儿，想要做什么，想要和谁一起玩，然后开始实施。[注：这可以发生在一天内的任何时间（不仅仅局限于计划时间）。]
例子	• 3/19 在计划时间，雅各布说："我想做一个生日蛋糕。"他做到了。 • 4/28 在户外，卡若说："我想荡秋千。"她做到了。
水平 4	幼儿能制订并完成两个或多个互不相关的计划。
解释	幼儿能描述两个或多个独立的、互不相关的计划（如果完成的是一个计划，内含 3 个步骤或更多步骤，将幼儿划分到水平 3），随后按照他的意图实施计划。
例子	• 2/4 在计划时间，安娜说："我想先在电脑上玩音乐游戏，然后完成大巴士拼图，最后为我叔叔画一幅画。"随后，她做完了这 3 件事。 • 11/7 来园时，盖布瑞说："我想用磁力片建一个太空飞船，还要和迪伦建一个城堡。"随后，盖布瑞完成了这两个计划。
水平 5	幼儿花费工作时间（选择时间、自由活动时间）的大部分时间（至少 20 分钟）来实施计划。
解释	幼儿至少花费 20 分钟来实施和完善他最初的计划。幼儿可以把材料从一个地方放到另一个地方，或转换活动地点，以更好地实现自己的想法。由于同伴想法的加入，计划可能会发生变化或有所发展。[注：要阐明幼儿在这个活动上花费的大概时间。]
例子	• 3/4 在工作开始一段时间后，奥利维亚说："我现在想要搭一辆小汽车。"然后她去积木区开始建构。随着其他幼儿的加入，本来计划搭的小汽车变成了公共汽车。她和同伴们玩起了假装开车去图书馆的游戏。这个游戏持续了 30 分钟。 • 9/26 在选择时间，布兰克先制订了用记号笔和纸为奶奶制作贺卡的计划，然后他去了艺术区，将一张纸对折，用记号笔在上面画了彩虹，并在上面写上自己的名字。他沿着纸的四边打了一圈洞，最后把纸卷起来放到他的柜子里去了。这个过程大概持续了 20 分钟。

水平 6	幼儿计划并完成一个至少要花费两天或更多时间才能完成的项目。
解释	幼儿制订一个足够详尽并至少需要两天才能完成的计划。在接下来的几天里，不断进行或扩展之前的工作，直到达到最终的目标。这一水平不同于幼儿基于持续性兴趣制订的简单计划，如一个喜欢乐高的幼儿计划每天都玩乐高就不属于这一水平。
例子	• 10/3 在自由活动时间，法瑞沙计划做一个鸟窝。第一天她把很多木材粘在一起。第二天她给木材涂上了红色和蓝色。第三天她用记号笔画上窗户，然后说："现在完成了。我要把它送给爷爷。他有鸟食。" • 9/6 在户外，艾米丽、塔和克里斯汀在沙里挖坑。当他们发现他们灌的水始终在沙坑里时，他们决定建立一条"运河"，从操场的拐角一直到教学楼。工作一周之后，他们用不同型号的管子代替铲子做不同大小的运河，并用管状的容器做隧道，不停地工作。他们还给其他班级的小朋友写纸条，让他们在运河完工之前远离运河。当运河终于延伸到教学楼时，他们往运河倒水并邀请其他小朋友到运河玩。[注：关于艾米丽、塔和克里斯汀的逸事记录。]
水平 7	幼儿利用外部资源去收集完成计划所需要的信息。
解释	幼儿利用手头的资源去实现自己的意图。这类资源可能包括适合幼儿年龄的参考书、杂志、网页，可能是和教师之外的成人交流，参观相关的名胜古迹等。
例子	• 5/21 在活动时间，马令达计划研究帝企鹅。她走到电脑那里，在老师的帮助下找到了一个有关帝企鹅的网页。她打印了几页，想在画帝企鹅栖息地时参考。她还在旁边写上了帝企鹅爱吃的食物。 • 4/6 在图书时间，贾斯汀说他想要一本关于狗的书，因为他家刚养了一只小狗，他想好好照顾它。他找了两本书打算借回家，然后在书里夹了纸条，标记出他想和妈妈共同阅读的页码。

B | 使用材料解决问题

幼儿在操作材料的过程中会不可避免地遇到问题。他们会发现自己的行为可以产生结果并解决问题，这样的经历对他们独立性和自信心的发展是很有帮助的。幼儿从尝试一个想法发展到尝试多个想法，直到寻找出一个能够奏效的解决方案。在这个过程中，幼儿获得了发展。随着处理的问题越来越复杂，他们的解决方案也越来越复杂。幼儿也可以预见问题并采取行动，从而避免问题产生并获得成长。

水平 0	幼儿将眼睛、头或手转向他们渴望的人或物体。	
解释	我怎么才能看见、追踪或够到物体？为了回答这个基本的问题，他们转动眼睛、头和手！	
例子	• 12/6 塔若转了转头，想要她的瓶子。 • 1/10 当爸爸进入房间和戴娜（照顾者）说话时，马森把头转向了爸爸所在的方向。	
水平 1	幼儿会重复同样的行为，即便这种行为并不能解决问题。	
解释	幼儿会不断重复同样的行为以解决问题，即便这并不奏效。幼儿可能会因此变得沮丧、没兴趣甚至放弃。处在这一水平的幼儿可能没有意识到问题的根源或自己所采用的解决方式是无效的。	
例子	• 3/3 玩具已经卡在桌子腿上，索菲亚还在继续用力拉。 • 3/28 威廉姆把一个圆放在形状分类盒里，又想把方块也塞进同一个洞里。	
水平 2	幼儿寻求他人的帮助来解决有关材料的问题。	
解释	在这一水平，幼儿寻求他人的帮助来解决材料问题。幼儿可能已经尝试解决问题但没有成功，或者认为太难了。幼儿可以通过简单的动作（把一个容器递给成人）或语言（"打开"）来寻求帮助。[注：在这一水平，幼儿只是呈现问题却不能明确表述。]	

例子	• 5/16 在选择时间，娃娃家，艾玛把围裙递给了卡罗（照顾者）并且转过身去（她示意卡罗帮她系上围裙）。 • 6/25 在户外，贾丹把双手放到铁链上，抬腿想要坐到秋千上面，最终他寻求托马克（照顾者）的帮助："上去。"
水平3	幼儿用语言表述有关材料的问题。
解释	幼儿大声陈述问题（"这个瓶盖太紧了，我打不开"），或者通过语言回复成人的问题（成人问："有什么问题？"幼儿回答："我想把瓶盖粘到纸上，但是胶水不能用了。"）。幼儿可能会自己尝试解决这些问题。[注：记为这一水平的标准是幼儿可以明确表述问题是什么。]
例子	• 4/4 选择时间，在娃娃家，艾玛把围裙系到腰上，但是掉下来了，然后她拿上围裙跑到卡罗（老师）身边说："这个我系不紧，你能帮我系一下吗？" • 7/25 在户外，贾丹把双手放到铁链上，抬腿想要上秋千，他告诉卡瑞（老师）："秋千太高了，我坐不上去。"
水平4	幼儿持续尝试用一种或多种办法解决有关材料的简单问题，直到成功为止。
解释	幼儿使用材料来解决问题，要么用一种方法达到目的，要么尝试多种方法直到找到有用的方法。这些问题都是在具体情境中的（如把两个物体连在一起或修剪到合适的尺寸），而不是一个有标准的或有固定解决方案的问题（如完成拼图）。[注：记为这一水平的标准是幼儿成功解决问题。]
例子	• 11/30 在小组活动时间，诺亚试图撕下一块胶带但是没有成功。他请一个小伙伴帮忙拿住胶带，然后，他用剪刀剪开胶带。 • 6/2 在工作时间，伊娃用毛毯和空心积木做帐篷。当帐篷顶坍塌后，她又铺了铺毛毯。再次坍塌后，她把毛毯的一角塞进空心积木里进行固定。
水平5	幼儿帮助其他幼儿解决材料问题。
解释	幼儿看到其他幼儿遇到材料问题时，他会根据以前自己的成功经验进行示范或提供建议。[注：记为这一水平的标准是幼儿主动而不是在成人或其他小朋友的要求之下帮助他人。]

例子	• 9/8 在工作时间,詹妮尔看见米罗使用胶水瓶时遇到了问题,她找到一个钉子并且告诉米罗如何使用(在盖子上扎个洞),"这样,胶水就可以从洞中流出来了"。 • 2/18 在大组活动时间里,卡若思帮助贝勒把彩带绑在手腕上。这样当贝勒随着音乐翩翩起舞时,彩带就不会掉下来了。
水平6	幼儿预见游戏中潜在的材料问题,并找到可能的解决方法。
解释	在这一水平,幼儿可以解决问题,甚至可以预见问题并想出避免问题发生的方法。
例子	• 2/11 在工作时间,在玩火车轨道时,曼德森告诉其他幼儿:"如果我们把轨道建在水槽旁边,那么每个小朋友都会一脚踩上去。如果我们把轨道建在一个角落里,就不会有人踩到了。" • 4/2 在工作时间,在沙水区旁,迈克尔想起昨天水洒到地板上了。他说:"伙伴们,还记得水是怎么洒的吗?我们应该在地板上铺一些毛巾。"
水平7	幼儿协调多种资源(材料和人)解决复杂的有关材料的问题。
解释	当幼儿遇见复杂的有关材料的问题时,他会描述并协调多种资源来解决。资源可以包括人和其他支持性材料。[注:记为这一水平的标准是幼儿在向他人寻求帮助时,不能仅仅说"帮帮我"或"你来做",而是要解释自己需要什么帮助,并特别说明如何提供帮助。]
例子	• 10/2 在选择时间,伊娃和其他小伙伴用毛毯搭帐篷。当帐篷顶坍塌后,她尝试把毛毯又铺了铺。再次坍塌后,她对其他小伙伴说:"你们两个抓住毛毯的两头。加斯明,你进里面,当毛毯搭上后你告诉我们,然后我用胶带固定。" • 1/27 来园时,伊森发现锁打不开了。他分别对贾克波和马丽说:"你推锁的底部,你拉锁的顶部,我来按按钮。"

C 反思

反思不仅仅是回忆，还包括分析。随着幼儿的成长，他们能回忆起更久远的事。就像他们做的计划一样，他们的反思中也逐渐包含越来越多的细节。

水平 0 幼儿将注意力转移到某物体或某件感兴趣的事。

解释　　当受到干扰时，幼儿的目光会转移，但随后会返回（头朝向）在干扰出现之前吸引他的物体或事情。

例子
- 4/12 在午睡时间，塔莎注视着她床边一个正移动的东西。当旁边的一个小朋友咳嗽时，她转过头看了看，又转过来注视那个移动的东西。
- 2/6 在音乐时间，托比亚斯看着照顾者有节奏地摇铃铛。当其他照顾者走近时，他扭头看了一眼，又转过来继续看并踢腿。

水平 1 幼儿表示希望某些事再次发生。

解释　　幼儿通过面部表情（如微笑）、身体姿势（如扭动）或声音（如咿呀声）表明他希望一些愉快的事可以再次发生。

例子
- 4/12 在户外，詹娜躺在地上，看到贝基（照顾者）晃动低垂下来的树枝后树叶落了下来，开心地大笑起来。
- 2/6 在午饭时间，卡文一次次地张开嘴，表示他想要更多的麦片。

水平 2 幼儿回到他想要或曾经玩耍的地方。

解释　　幼儿记得他喜欢的玩具所在的地方或游戏开展的地方，并回到那儿去。在这一水平中，幼儿通过直接去目的地表明他记得那儿，如去放卡车的柜子旁，去挂衣服的挂钩处。

例子
- 2/7 在选择时间，哈瑞森直接走到经常放瓶子和衣架的架子旁，当发现东西都不在时，他伸出小手，说："去哪儿了？"
- 12/2 在小组活动时间后，当罗斯（照顾者）问曼妮在小组做了什么时，曼妮回到桌子边拿出了一堆橡皮泥。

水平 3 幼儿说出刚刚做了的事。

解释 幼儿能说出较短时间内他做过的事或玩过的玩具。幼儿通常能记得最近发生的事件或行为,而不记得其前因或后果。[注:幼儿可以在一天内的任何时间回忆,不仅仅是回顾时间。]

例子
- 9/30 在回顾时间,当轮到卡梅拉分享她所做过的活动时,她说:"玩积木。"
- 10/2 离园时间,在户外操场上,汤米的爸爸问汤米今天做了什么时,汤米说:"我滑滑梯很快!"

水平 4 幼儿能回忆起他已经做过的 3 件或更多事情,或一些发生过的事情的细节。

解释 幼儿可以描述一天中任何时段内他所做的事(至少 3 件)。幼儿也可以描述某件事情中 3 个或更多的细节,比如用了哪些材料,都做了什么,有哪些人参与了。幼儿可以自主地或在成人开放式问题(如"你做了其他什么事?"或"你用了什么?")的提示下回想起一些细节。[注:如果幼儿只是简单罗列了 3 个材料或 3 个参与者,那他不能被记为这一水平;幼儿可以在一天内的任何时间回忆,不仅仅是在回顾时间。]

例子
- 2/26 当雷欧的爸爸来接他时,雷欧对爸爸说:"我建了一座塔,用了纸板积木,我和萨姆追着玛莎老师围着阶梯跑。"
- 4/18 在回顾时间,伊威说:"我和苏拉玩化装游戏了,并且做了比萨。"几分钟后,约翰说他玩电脑了,伊威说:"我也玩了。"

水平 5 在没有成人的提示时,幼儿可以回忆起 3 件或更多自己做过的或已经发生的事件的顺序。

解释 在没有提示时,幼儿可以回忆起 3 件或更多已经发生事件的顺序。这一顺序可能是某一游戏场景的一系列动作或事件。在这一水平上,幼儿可以在脑海中进行复杂建构,不受当前时间的限制。[注:幼儿可以在一天内的任何时间回忆,不仅仅是回顾时间。]

例子
- 3/16 在回顾时间里,托马斯说:"我和塔比瑟玩了娃娃家的游戏。我先拿瓶子给娃娃喂奶,然后我们给他换尿布,最后我们用毛毯将娃娃裹起来,带他去散步。"
- 5/12 在问候时间,科林告诉伊丽萨(老师):"我迟到了,因为我们停车买了甜甜圈,然后送我的哥哥上学,最后还不得不回家去取我的靴子。"

水平 6	幼儿叙述事件发生的原因和下次发生时他相同或不同的做法。
解释	幼儿从记忆细节逐渐进步到分析实际发生的事。这一水平的幼儿可以回忆起做什么有用，做什么没用，以及在相似的事件或情况中一些相同或不同的做法。这样，幼儿就可以通过回顾去计划将来的活动。
例子	• 2/24 一天结束时，伊芙琳说："今天我花了大部分时间收拾我的沙漠动物，以至于都没有时间去寻找一本相关的书。下次，我一定要快点收拾。" • 12/28 在休息时间，本说："汤普森夫人，跳绳冻在人行道上了，一定是我忘了拿进来。下次，我保证一定会收好！"

水平 7	幼儿回顾他人的经验并迁移到他所观察到的相似情境中。
解释	幼儿回顾发生在他人身上的行为或事件，并以此调整自己在相似情境中的行为。
例子	• 3/17 当大家正准备去学校的媒体中心时，朱利奥说："我记得上周贾斯汀忘记带他之前在图书馆借的书了，结果他借不了新书。今天，我要记得拿上我借的书。" • 5/2 斯塔拉入园后，从书包中拿出作业纸交给了老师，这些作业纸都装在塑料袋里。她说："昨天，苏的作业都被雨淋湿了。我让我爸爸把作业都装到塑料袋里了，因为今天也下雨。"

社会性和情感发展

在婴儿开口说话前,他们已经能够表达自己的情绪并感知照顾者的情绪了。随着年龄的增长,他们逐渐学会识别自己的情绪并尝试调整自己的感受。有了语言的帮助后,他们可以谈论自己的情绪,而不再仅仅通过肢体来表达。随着对情绪的认识的加深,也随着成人的支持和帮助,幼儿逐步了解他人的感受并明白他人情绪与自己情绪的不同。幼儿对自我的认识不断深入,逐渐学会欣赏他人。大量的早期学习发生在幼儿与成人、同伴的互动中。正因如此,儿童早期的社会交往经历和情感经历为其整个人生的幸福奠定了基础。

D 情感

从婴儿时期开始，幼儿就在感受和表达情感。不管是在饥饿感得到满足或是看到熟人的面孔时产生愉悦，还是对一声巨响感到恐惧，再或者是移走一件令他感到舒适的物体时产生焦虑，他们都在感受和表达情感。婴儿通过面部表情、手势、声音甚至整个身体来表达情感。随着语言的发展，他们开始在成人的帮助下用语言表达情感。理解并谈论自己的情感是幼儿学会表达情感的重要一步。这不仅能让他们更好地意识到自己的情绪，也能让他们去观察、解释他人的情绪情感。

水平 0	**幼儿用面部表情或身体表达情绪。**
解释	这个水平的幼儿只能利用面部表情和身体来表达情绪，而不能通过语言。因此，身体僵硬、哭、笑、扭动都是最初的情绪信号。
例子	• 4/2 当克里斯汀（照顾者）弯腰面对安玛莉时，安玛莉微笑着挥舞胳膊并踢腿。 • 7/18 当卡特从毯子上滚到草地上时，他挺直了身体哭泣。
水平 1	**幼儿开始通过与他人的身体接触来表达情绪。**
解释	幼儿通过与他人进行身体接触，如亲、咬、抱、打、拍或抚摸等来表达感受。情绪可以是积极的，也可以是消极的。[注：如果幼儿第一次试图控制自己表达情绪，请参照水平4。]
例子	• 12/8 伊莎贝尔向苏（照顾者）蹒跚走去，抱住苏的双腿，看着她微笑。 • 6/6 当克拉克试图拿走阿朗索的桶时，阿朗索皱了皱眉头，将克拉克的手臂推开。

水平 2	幼儿给情绪命名。
解释	幼儿使用词语(如高兴、生气、难过)来表达基本情绪。幼儿谈论自己的或者别人的情绪也属于这一水平。
例子	• 12/16 户外活动时间,当玛利亚的祖母来接她时,玛利亚跑过去给了祖母一个大大的拥抱,说:"我很高兴!" • 5/1 在问候时间,辛娜在看书,她指着图说:"她很难过,正在哭。"

水平 3	幼儿解释情绪产生的原因。
解释	幼儿描述一种情绪(可以是自己的情绪,也可以是别人的情绪),并说明原因。
例子	• 2/22 约瑟夫在工作时间告诉伊娜(老师):"她很生气,因为她想用那台电脑!" • 6/6 在工作时间,基弗望着窗外说:"贝基,我好开心!雨停了,我们可以出去啦!"

水平 4	幼儿先试图控制自己表达情绪的方式,随后又用身体来表达。
解释	幼儿起初尝试调节情绪的表达方式,如请求一名幼儿停止一个不受欢迎的动作而不是打这名幼儿。但是,那名幼儿没有停止不受欢迎的动作,于是,这名幼儿最终没能控制住情绪,比如动手打了他。
例子	• 8/4 在户外活动时间,谢拉告诉比利:"不要踩我的虫子。比利,不要踩我的虫子!"当比利越来越接近虫子时,谢拉推开了他。 • 6/26 工作时间,在积木区,欧内斯特在堆积木。当积木第二次倒下来时,他说:"你这个笨积木!"当积木再一次倒落后,他踢了堆在地上的积木一脚。

水平 5	幼儿能够控制自己表达感受的方式。
解释	这个水平的幼儿能够控制自己表达感受的方式。幼儿使用适当的词语或者行为而非不适宜的话语或是身体动作控制自己。
例子	• 9/8 在户外，当另一名幼儿不断撞简时，简说："停！这让我很生气！别再撞我了！" • 4/27 在图书馆，贾斯汀正坐在桌子旁读书，其他幼儿和他说话，他说："安静点，不要和我说话。"当他们继续跟他说话时，他转移到了另一张桌子旁，并和盖斯莉说："这些家伙让我很生气。"
水平 6	幼儿用更丰富的词来描述自己的情绪。
解释	幼儿用更丰富的词来表达自己的情绪，如沮丧、激动、受挫、暴怒、大吃一惊或尴尬等，而不仅限于悲伤、高兴、生气、愤怒和恐惧等。
例子	• 10/5 当外出活动被取消的时候，艾米丽说："我好沮丧，我真的很想去博物馆看木乃伊。" • 2/19 在科学研讨会上格雷夫人说："你看起来有些心烦意乱。"厄尔说："其实我很沮丧。"
水平 7	幼儿能够描述人们在相同情境下的不同感受并说出一个原因。
解释	幼儿能站在别人的角度思考问题。他能解释不同的人在相似的情境中可能有不同的感受（这些感受既有积极的，也有消极的）的原因。
例子	• 5/2 在问候时间，布莱斯说："要去参观农场了，我很激动，因为我喜欢拖拉机。但是耶里不想去，因为那里有难闻的气味。" • 1/9 在午餐时间，马里加特说："我很高兴，因为我的祖母要来看我，她还要和我一起做核桃仁巧克力饼。我的妹妹更开心，因为祖母会睡在她的卧室。"

E 与成人建立关系

当父母不在的时候，婴儿会对他们依赖的、能满足他们需求的最主要照顾者产生依恋。学步儿把最主要的照顾者当作最信任的人，在他们的支持下探索世界。幼儿快速地和其他成人，比如与幼儿园的其他员工、父母的同事或者客人建立关系。他们积极主动地建立这些关系，这样不仅有助于他们身体和情绪的健康，并且还可以让他们借此认识和探索世界。他们最初在与成人建立关系的过程中只关注自己的需要，后来发现成人不只是他们的照顾者，彼此之间的关系也渐渐呈现出互惠的趋势。

水平 0	幼儿注视主要照顾者，对着他们微笑、说话或是扮鬼脸。
解释	这个阶段的幼儿在建立自己与父母或其他重要照顾者之间的关系。幼儿可能会停下正在做的事去注视自己的照顾者或者确保自己是安全的。
例子	• 2/19 当照顾者给斯坦利换尿布时，斯坦利向她微笑。 • 10/5 在选择时间，考利在地板上跑，时不时地停下来看看丹尼斯（照顾者）。
水平 1	幼儿把某位熟悉的成人当作安全基地，从那里出发去探索，并时不时地回来。
解释	当幼儿可以移动到更远的地方去探索时，他时不时地往回看，确保照顾者在身后。幼儿在地上爬时抬头看成人，或者把一个玩具交给成人——就像回到安全基地，让自己相信，如果有需要，照顾者就在那里。
例子	• 10/2 在集体活动时间，艾登先是跟着音乐挥动双臂，随后爬到了泰雷尔（照顾者）的大腿上。 • 6/24 在选择时间，加百利先探索套杯，然后举起双臂，等待雪莉（照顾者）把他抱起来。

水平 2	幼儿找到一个熟悉的成人交流（至少使用一个单词）自己的一个简单的需要或欲望。
解释	幼儿有目的地寻找一个值得信赖的成人以寻求帮助、慰藉或成为搭档。幼儿使用的词语可能和成人或自己的需要有关。
例子	• 1/30 咪咪跟着克里斯（照顾者）走到枕头那里，说："克里斯，书！"接着，递给克里斯一本书。 • 6/6 查尔斯发现拉奎尔（照顾者）在房间里，一边叫"奎尔！"一边拉扯自己的尿布。

水平 3	幼儿请某位成人和他一起玩或者分享某事。
解释	幼儿用语言很直接地请求成人和他一起玩。
例子	• 11/2 在积木区的工作时间，艾玛问她的老师："凯，你能和我一起玩吗？" • 3/17 在艺术区自由活动，布莱娜问肖恩（老师）："肖恩小姐，你能当我的奶奶吗？"

水平 4	幼儿和成人的交谈持续两个回合或更长时间。
解释	幼儿能和成人至少交谈两个回合。幼儿不一定是谈话的发起者，但是谈话必须有来有回。在这个水平，交谈常常以幼儿正在玩的（比如橡皮泥）或者正在做的为话题开始，尽管随后可能会转移到另一个相关话题上（如在家做比萨）。
例子	• 2/20 在午餐时间，布莱登告诉麦克先生："我有了一辆新自行车，它有辅助轮。"麦克先生应答了之后，布莱登说："我叔叔说，如果我学会了，他就带我去公园的自行车道上骑。"麦克先生说起自己在自行车道上骑车的经历，布莱登说："我要多骑我的自行车！" • 11/7 在工作时间，娃娃家，索菲亚和布兰达（老师）正在给玩偶穿衣服。索菲亚说："你要对你的宝贝小心点，他还很小。"布兰达承诺她会很小心。索菲亚说："我的宝贝大一些后就能慢慢爬了。"

水平 5	幼儿请成人加入活动，给成人分派任务或分配角色，让成人持续参与。幼儿会记得曾和成人一起为了一个目标工作，或带着成人玩复杂的假装游戏。

解释	幼儿和成人作为搭档一起游戏、工作。幼儿请成人加入活动中，活动能持续一段时间。[注：这在一天中任何时间都可能发生，而不只是在工作或选择时间。]
例子	• 9/15 户外活动时间，在沙坑里，贾斯汀正在建造一座城市。她叫斯科特（老师）过去帮她清理出道路。在大部分户外活动时间，他们一起建造道路和大楼，由贾斯汀决定在哪里增加什么。 • 4/30 在工作时间，娃娃家，德鲁邀请贝斯（老师）参加他的生日派对。德鲁告诉贝斯要带一个礼物。他让贝斯拿来一本书，并向她展示怎么用从艺术区拿过来的纸把书包裹起来。接着，他们回到娃娃家，那里有德鲁准备的生日蛋糕。德鲁给大家分发生日帽，然后他们一起唱《生日歌》。
水平6	**幼儿向成人请教知识和经验，以便能够比在小组或大组讨论中学到更多。**
解释	幼儿请教的问题可能是课上学习的某一话题，也可能是幼儿感兴趣的其他话题，还可能是成人个人的兴趣和活动。要在这个水平上得分，幼儿的问题必须超越小组或集体讨论的问题。如果大家正在讨论要不要养一个宠物，一名幼儿问成人是否有宠物，那该幼儿在这个水平上就不能得分；但是如果这名幼儿问的问题是关于宠物喂养、它理解的指令等的话，就可以得分。
例子	• 12/7 课上刚讨论了地形图，休息时间西蒙走近史密斯先生，问："你知道德克特（镇中心）图书馆有没有关于爬山的书吗？" • 4/19 在餐点时间，阿米莉娅问露西（老师）："你之前有没有踢过足球？你踢什么位置？你射门得过分吗？"
水平7	**幼儿参与成人谈话以学习或分享更多信息。**
解释	幼儿和成人继续先前的谈话，以了解或分享更多的信息，如发生了什么，在知道或经历某件事情时有什么反应。
例子	• 4/17 在问候时间，塞雷妮蒂对罗舍夫人说："你还记得昨天告诉过我们有人吃昆虫吗？他们是怎么烹饪的呢？你吃过吗？" • 9/25 在体育馆，一周前古昂威特夫人说她跑过马拉松。查理问她："你赢了吗？"

F 与其他幼儿建立关系

即使是婴儿，也会和周围的人有互动。他们看、听、了解别人正在做的事情。从递给别人一个玩具、和别人一起玩，到和某些人成为朋友，幼儿逐渐开始和其他幼儿有更直接的联系。这些联系促进了幼儿情感、社会性、认知和创造力的发展，也是幼儿未来建立关系的基础。

水平 0 幼儿观察其他幼儿。

解释 在这个水平，幼儿通过看、注视其他幼儿来表达自己的兴趣。

例子
- 7/13 当安托躺在垫子上时，她转过头看着躺在旁边的娜塔莎。
- 12/16 德雷克看着布罗迪在毯子上蹒跚走步。

水平 1 幼儿自发地把一个物品给其他幼儿或表达对他的喜爱。

解释 幼儿通过拥抱、轻拍、亲吻以及送别人玩具或其他礼物的方式表达对其他幼儿的兴趣。

例子
- 10/7 在选择时间，德文递给琼一辆车。
- 2/27 在入园时间，萨米看见提基来了，她跑过去给了他一个拥抱。

水平 2 幼儿和其他幼儿一起游戏、工作。

解释 幼儿能够意识到其他幼儿在场，并知道他们在做什么，但有可能不直接加入他们，只是在旁边玩。

例子
- 6/4 在户外活动时间，利亚姆和泰萨并排坐在沙坑里，利亚姆往桶里装沙子，而泰萨用铲子挖出沙子倒在自己脚上。当利亚姆的桶满了之后，泰萨递给他另一只桶。[注：关于利亚姆和泰萨的逸事。]
- 9/16 在选择时间，科林和妮娜在积木区并排而坐，各自堆积木。[注：关于科林和妮娜的逸事。]

水平 3　幼儿直接与另一名幼儿对话。

解释　在这个水平上，幼儿用词、短语或句子直接和其他幼儿对话。

例子
- 8/5 在午餐时间，大家都坐下了，只有柯蒂斯还在寻找座位。诺拉用手指了指说："柯蒂斯，那儿有把椅子。"
- 12/8 在工作时间，玩具区，哈里森说："勒妮，那是宇宙飞船。"

水平 4　幼儿表现出对一个或者多个朋友的偏爱。

解释　幼儿自己（不是因为成人的建议或者成人直接把幼儿安排在一起）选择一个特别的同伴一起玩。幼儿可能把另一名幼儿称为朋友，经常给朋友留一个座位，或者不断制订和他一起玩的计划。当朋友不在时，他可能会很失望。[注：如果只记录一件事，要记为这个水平，需表明关系已经持续了一段时间。]

例子
- 6/1 在小组活动时间，米兰达为露丝留了她旁边的一个座位。米兰达在计划时间和餐点时间也是这样做的。
- 8/19 在计划时间，加百利来得晚。戴斯蒙说："太好了！加百利到了！现在我们能一起玩恐龙了！"之后，他们便一起玩了很久。

水平 5　幼儿通过提出想法或整合其他幼儿的想法与两名或更多幼儿进行合作游戏。

解释　要在这个水平上得分，幼儿必须自主选择和两个或更多同伴游戏，不受成人喜好的干扰。幼儿必须提出想法扩展游戏的主题，如"让我们像蜘蛛侠一样跑"。[注：记录逸事时要包括幼儿和两个或更多的同伴。]

例子
- 5/24 在工作时间，科林、艾米和乔纳森在娃娃家开了一家比萨店。艾米建议用橡皮泥做比萨，乔纳森在旁边帮忙。艾米还有一个主意，就是把软木瓶塞放在橡皮泥上当作意大利香肠。科林写了一个词"Peza"代表比萨（pizza），她还从教室里的其他幼儿那拿到了订单。这个游戏持续了整个工作时间。[注：这是关于艾米和科林的逸事，并不是乔纳森的，因为他没有提供想法，只是跟随其他人。]
- 6/7 在自由活动时间，亨特、安娜和比基在积木区假扮小狮子。他们用积木做了一个狮子洞。安娜想当狮子妈妈，比基假装自己的腿受伤了，亨特帮助安娜用围巾包扎比基的腿。这个游戏他们持续了好几天。[注：关于亨特、安娜和比基的逸事。]

水平 6		幼儿持续和朋友进行个人的或双向的交谈。
	解释	幼儿和朋友持续聊与游戏无关的话题，如他们的家人、喜欢的活动或是旅行。幼儿会倾听朋友说了什么，也提出自己的亲身经历与想法。
	例子	• 5/21 在工作时间，费斯、罗恩和克莱尔制订了去别人家串门的计划，包括去人家家里做些什么。他们一共讨论了 20 分钟。[注：关于费斯、罗恩和克莱尔的逸事。] • 4/29 在户外活动时间，布莱娜和伊娃在攀爬架下面聊他们的弟弟妹妹。布莱娜说她的弟弟会走路了。伊娃告诉布莱娜，只要叔叔一抱妹妹，妹妹就大哭。整个户外时间他们都在聊天。[注：关于布莱娜和伊娃的逸事。]
水平 7		幼儿对朋友之前和他分享的事情保持关注。
	解释	幼儿持续关注朋友之前告诉他的一些事情。要在这个水平上得分，谈话的主题不能局限于幼儿自己的兴趣和生活，而应该是关于朋友的一些事情。后续的关注和询问应该是出自幼儿真正的兴趣，而不是随意的或惯例的问题。
	例子	• 3/16 在晨间会议上，马提诺问斯本塞："你在学校的嘉年华上开心吗？我真希望我也去参加了。" • 5/2 在休息时间，艾利克斯问她的朋友梅可："听你爸爸说，你昨天得了辆新自行车？"

G 集体

幼儿是社会的人，他们想要加入集体，但这需要学习。他们逐渐从"我"（自己的需要）过渡到"我们"（集体的兴趣）。幼儿的集体感始于对他人的关注，并在认识集体规则和观察成员如何遵守规则中逐渐形成。幼儿感知并发现自己和他人的行为（无论是有意的还是无意的）都会影响整个集体。

水平 0　幼儿注意到身边发生的事情。

解释　幼儿对周围环境中的突发事件保持警觉，他们会突然安静下来，身体紧张，或转向某个声音、景象或其他事物。

例子
- 11/25 杰克森听到门开的声音，把头转向门。
- 1/19 艾拉坐在座椅上，看着其他幼儿从自己面前跑过。

水平 1　有成人引导或协助时，幼儿会参与部分日常常规活动。

解释　当成人给出提示或协助时，幼儿参与保育常规或日常游戏中。

例子
- 2/7 在集体活动时间，杰德（照顾者）把塔莎抱到腿上，塔莎随着音乐扭动。
- 10/9 凯丽拿着凯罗（照顾者）给她的尿布，和凯罗一起来到换尿布台边换尿布。

水平 2　幼儿尝试通过自己的努力完成一个简单的、日常常规活动。

解释　幼儿独立尝试完成一个简单的、和日常生活相关的任务。要在这个水平上得分，幼儿不一定要完成任务。

例子
- 11/2 兰迪（照顾者）说："现在是户外活动时间。"帕达玛走到门口，尝试穿上夹克。
- 3/4 在午餐时间之前，爱兰看见其他幼儿准备去水池旁洗手，他加入了他们并把手放在水龙头下面。

水平 3		**幼儿能在一日生活的各个环节间转换。**
解释		幼儿自发地或在听到提醒后，在一日生活的各个环节（包括小组活动时间或大组活动时间、工作时间、自由活动时间或选择时间、户外活动准备时间、洗漱时间、进餐时间或休息时间）之间转换。
例子	•	3/16 在入园时间，阿玛尼挂好书包后选择一本书看了起来。当苏（老师）说现在是计划时间时，他来到了计划桌的旁边。在大组活动时间后，他向门走去，准备去参加户外活动。
	•	2/9 在门罗（老师）发出了"只剩5分钟"的提醒后，杰斯伯开始收他的积木。吃午饭前他洗了手，午饭后他拿上他的毯子放到小床上，躺下睡午觉。
水平 4		**幼儿提醒他人注意班级常规和社会规范。**
解释		幼儿提醒或帮助他人遵守常规，也能帮助他人遵守社会规范，如把纸张放入回收箱而不是扔到垃圾桶中。
例子	•	11/4 在问候时间，奥玛走向地毯，这时尼亚提醒他先去签到。
	•	1/19 在工作时间，费斯抱过豚鼠后，卡梅伦提醒她去洗手。
水平 5		**除了遵守课堂规则、工作要求和常规之外，幼儿做了对班集体有益的行为。**
解释		幼儿不是因为规则要求，或为了完成工作或日常活动（如清洁）而承担班集体工作。幼儿自觉尊重和爱护集体，爱护集体的材料、设备和室内外设施。
例子	•	11/30 在选择时间，贾丝汀看见歌本的一页被撕坏了，用胶带将它粘好。
	•	1/19 在入园时间，莉莉注意到教室门口地面上有雪融化了。"这很滑。"她说。随后，她拿纸擦去了地上的雪水。

水平 6　幼儿能够区分他人的行为是有意的还是无意的。

解释　令人不快的事情发生了，有时候是偶然发生的，有时候是有人故意为之，幼儿能够区分两者的不同。虽然幼儿可能会感到沮丧（如他正在做的工作被破坏了），但是他可以理解别人并不是故意的。

例子
- 3/2 在活动时间，蒂娜说："汤米，小心点！你不小心弄乱了我的纸。"
- 2/7 在体育活动时间，马库斯说："嗨，米伦，小心点！你的球差点把我的玻璃杯碰倒了。"

水平 7　幼儿知道自己的行为是如何对别人造成影响的，若有需要他们也会去弥补。

解释　在做了一些让人失望、受伤或者对他人不利的事情后，幼儿会道歉并改正自己的行为。要在这个水平上得分，幼儿的语言和行为必须是真诚的、发自内心的，而不是在成人命令下的机械反应（如背出"对不起"）。

例子
- 10/6 在数学活动时间，凯拉向后退时，退到另一名幼儿的桌子那里，撞倒了那名幼儿用 10 块积木垒成的堡垒。凯拉说："天哪，我把它撞倒了。"随后，她帮助同伴重建了堡垒。
- 2/7 在休息时间，玛利亚撞倒了另一名幼儿，导致他的膝盖被磕破了。玛利亚扶他站了起来，看见他的膝盖在流血，就赶紧带他去找老师包扎伤口。

H 冲突解决

社会交往冲突是幼儿生活中每天都会遇到的。当他们学会和同伴解决争端后,便开始理解和尊重他人的需求,并在此基础上平衡自己的需求。学步儿以自我为中心,入园后逐渐认识到不同视角,这使他们明白在冲突中不只有一方是"对的"。在成人的支持下,幼儿发现社会交往问题,尝试想出让所有人都满意的解决办法。这是需要练习的。正是基于此,你可能会发现那些没有冲突解决经验的幼儿即使年龄稍大也可能还处于一个较低的发展水平。

水平 0 在冲突情境中,幼儿继续保持他原有的行为。

解释 幼儿没有意识到自己正处于一个真实的或潜在的争端当中。如其他幼儿拿走了这名幼儿正在玩的玩具或者正在使用的毯子,但是该幼儿没有意识到发生了什么并且没有任何反应。

例子
- 9/16 安娜贝拉躺在毯子上,手中的拨浪鼓被特洛伊拿走后,她接着摇手臂。
- 7/10 桌子旁边有一个婴儿座椅,拉尔夫正坐在里面够软铃球。基拉来了,他拿走了球,并在球的位置放了一本书。拉尔夫又去够书。

水平 1 幼儿采用回避、哭、打或者咬的方式应对冲突。

解释 当意识到有人(同伴或者成人)正在阻挠他实现自己的愿望时,幼儿本能地通过上述方式(回避、哭、打或者咬)去回应。在这个水平上,幼儿只是对事情做出直接的反应,而不是尝试去解决问题。

例子
- 8/5 在餐点时间,比利拿走了但丁的饼干,但丁哭了。
- 12/15 在选择时间,当谢尔比拿走了奥利弗正在玩的汽车后,奥利弗打了谢尔比。

水平 2 **幼儿试图用简单的方式解决冲突。**

解释 幼儿试图用武力（动手抢）或语言（说"不！"或者"我的！"）来解决争端。

例子
- 2/4 在选择时间，娃娃家，当麦克斯试图从薇拉那里拿碗时，薇拉说："不！我的！"
- 10/7 在户外活动时间，当菲昂娜想骑摩托车时，她一把推开莫莉，自己坐到了摩托车上。

水平 3 **在解决与同伴的冲突时，幼儿寻求成人的帮助。**

解释 与同伴发生冲突时，幼儿寻求成人的帮助来解决问题。

例子
- 10/26 在工作时间，玩具区，戴利不给太默卡任何小汽车，太默卡告诉凯蒂（老师）："戴利不分享！"
- 2/14 在工作时间，玩具区，迈尔斯告诉娜塔莉（老师）："她老拿走我的玩具。"

水平 4 **在成人的支持下，幼儿想出解决问题的办法，或者同意某个解决办法。**

解释 在成人的支持下，幼儿尝试解决问题，如：从自己的角度向询问的成人讲述发生的事情；想出解决办法；在得到鼓励后敢于尝试某一种解决方式。

例子
- 1/9 在餐点时间，艾格尼丝和艾伯特都想要分发纸巾。当加文（老师）问他们该怎么办时，艾格尼丝建议今天由她来发，明天艾伯特发。这时，其他幼儿提出了不同的建议：艾格尼丝可以给这边的桌子发纸巾，艾伯特给那边发。[注：关于艾格尼丝的逸事。]
- 4/5 在工作时间，玩具区，纳丁说："凯小姐，我们遇到了点麻烦，贾斯汀拿走了我的小汽车！"当凯小姐询问他们如何解决这个问题时，纳丁建议贾斯汀拿卡车。随后，他们又提出了更多的解决办法。最后，在凯小姐的帮助下，纳丁同意玩红色的汽车，贾斯汀玩蓝色的汽车。[注：关于纳丁的逸事。]

水平 5 **在没有成人支持的情况下，幼儿和同伴协商解决冲突的办法。**

解释 在没有成人支持的情况下，幼儿表现得很独立，可以解决和某一个同伴或多个同伴之间的争执。幼儿提供可能的解决办法，倾听他人的想法（如果有的话），然后和其他幼儿决定到底尝试哪一种方法。

例子	- 3/24 在工作时间，艺术区，塞丽娜看见塔米卡和萨米都想画画。萨米和塔米卡想要同一张大纸，塞丽娜说："我觉得你们可以一起在这张大纸上画画。"塔米卡和萨米同意了，接着他们一起开始画。[注：关于塞丽娜的逸事。] - 4/9 在户外活动时间，吉娜和安索尼同时来到秋千旁，他们拉着秋千僵持了一会儿。安索尼说："吉娜，我们轮流来玩怎么样？"吉娜说如果她先玩的话就同意。安索尼同意了，于是吉娜先开始玩，安索尼第二个玩。[注：关于安索尼的逸事。]
水平 6	**幼儿能够预估解决冲突的办法是否有效，并给出自己的解释。**
解释	在考虑如何解决一个社交问题时，幼儿会思考所建议的办法是否有效。在解释原因时，幼儿的陈述超出了个人需要或动机（比如他不会简单地说"因为我想让他第一个玩"）。
例子	- 5/22 在选择时间，积木区，戴维和胡安都想要用毯子。当胡安建议戴维用围巾时，戴维说："我需要毯子当城堡的屋顶，围巾太小了。"[注：关于戴维的逸事。] - 3/8 在体育活动时间，玛丽娜和辛迪都想要玩滑板车。当辛迪提议她今天用、玛丽娜明天用时，玛丽娜说："这样不行，谁知道滑板车明天还在不在了！"[注：关于玛丽娜的逸事。]
水平 7	**幼儿帮助其他幼儿解决冲突。**
解释	幼儿表现得非常独立，像成人一样帮助其他幼儿解决冲突。在这个水平上，幼儿主动询问其他幼儿发生了什么，给出可行的解决办法，然后选择其中一种尝试。
例子	- 2/23 在活动时间，玛德琳帮助其他两名幼儿解决了使用同一台电脑的问题。她先说明了问题，然后问那两名幼儿想用电脑来做什么。在了解了情况后，她建议达利斯先用电脑，因为他要查关于他动物项目的信息资料，而萨拉只是想玩游戏。 - 5/10 在户外活动时间，操场，两组幼儿都想用柏油路（一组为了打篮球，另一组为了画粉笔画），特迪走过来，他建议画粉笔画小组在柏油路的尽头画，打篮球小组在离那稍远一点的地方打。

身体发展和健康

虽然身体发育的很多方面是自然发生的，但幼儿也需要进行适宜的锻炼，了解自己的身体能做什么，知道照顾自己身体的方法。越来越多的人关注儿童肥胖，说明营养和适当的锻炼对身体健康是非常重要的。运动是人的本能，人类在婴儿期就表现出令人惊讶的锻炼运动技能的决心。幼儿对他们的身体是如何工作的也十分感兴趣。他们乐于掌握自我照顾技能并承担照顾自己的责任。

I 大肌肉运动技能

对处于感知运动阶段的婴儿和学步儿而言，学习离不开运动。他们认为自己是有能力的个体，这种认识源于他们掌控环境的能力，或者说不需要成人的帮助就可以想要什么就有什么、想去哪里就去哪里的能力。一旦幼儿掌握了基本的运动技能，他们身体的协调性、肌肉的力量和耐力就会逐渐增长。他们展现出对身体更强的控制力和平衡能力。随着大肌肉运动技能的发展，他们会尝试更加复杂、有序的运动。[注：对于那些使用移动设备的幼儿来说，通过他们使用移动设备时所表现的技能情况进行记分。举个例子，如果幼儿没有辅助工具就不能行走，那么根据他们操作助步车或其他设备的能力来记分。]

水平 0	**幼儿的活动是全身性的。**	
解释	幼儿的运动是全身性的，不论是躺着还是趴着时（如把脚放到脸上，从一边滚到另一边，坐起），还是运动时（如爬或走）。	
例子	• 1/16 换完尿布后，布莱恩特把脚放进嘴里。 • 7/11 在选择时间，泰拉从摇椅旁边爬到了书架旁。	
水平 1	**幼儿行走。**	
解释	幼儿在没有成人的帮助时行走——尽管有时候需要扶家具或其他物体来保持平衡，也不是一直都能站得很稳。	
例子	• 4/27 在户外时间，朱迪走在推车后面，把它推到一个大轮胎旁边。 • 11/16 在选择时间，贝斯娜摇摇晃晃地从沙发走到豆袋椅旁边。在这个过程中，她扶桌子保持平衡。	
水平 2	**幼儿上下楼梯，绕着人或物体走或跑。**	
解释	幼儿可以自由上下楼梯台阶，但是不能交替使用双脚。在跑的时候，幼儿可以做到不碰撞其他物体或人。	
例子	• 3/12 在选择时间，凯瑟琳爬了 6 级台阶到阁楼上去拿枕头。 • 8/6 在户外活动时间，卡蒂姆穿过草地跑到沙池。他穿过草地的时候，有几名幼儿在草地上打滚。	

水平 3	幼儿交替使用双脚爬楼梯，能双脚离地跳或跑。
解释	幼儿交替使用双脚爬楼梯，但需要借助栏杆保持平衡。跳的时候，幼儿的双脚可以离地，跑时还不太稳定。使用轮椅的幼儿可以自己控制开始与停止。
例子	• 6/28 在大组活动时间，缇娜一次次地起跳、落下。 • 9/16 在户外活动时间，克瑞斯多夫绕着小路跑了 3 圈。
水平 4	幼儿用手或脚击打一个大的移动的物体。
解释	幼儿击打一个奔向自己的物体，如皮球或足球（直径在 25 厘米以上）。
例子	• 10/2 在小组活动时间，琳达把一个气球扔到空中，然后用双手拍气球。 • 5/6 在户外活动时间，马修踢开了一个足球，那个足球是老师传给他的。
水平 5	幼儿连续跳跃至少 8 次。
解释	这里的跳跃涉及跑跳步（先一只脚接着另一只脚）和单脚跳（同一只脚）。标记为这一水平的幼儿至少要连续跳 8 次。
例子	• 4/19 在户外活动时间，李兰德跳上了一座小山（至少跳了 10 次）。 • 1/16 问候时间过后，迪娜说要跳到桌子旁边做计划。说完，她就朝着计划桌跳过去了（跳了至少 8 次）。
水平 6	幼儿用乒乓球拍、网球拍或棒球拍击打小的移动的球。
解释	幼儿用乒乓球拍、网球拍或棒球拍击打小的移动的球（直径不大于 12 厘米）。
例子	• 5/2 在休息时间，吉安娜用网球拍击中了萨维齐女士扔给她的垒球，她说："打中了！" • 9/2 在体育活动时，罗伊向上抛起一个网球，并用球拍击中。
水平 7	幼儿流畅有序地完成了一系列动作。
解释	幼儿平稳且协调地完成了一系列动作，这些动作要求身体上下部的力量（如翻跟头、跳绳、行进运球）。[注：随着音乐完成一系列动作不属于此水平。]
例子	• 4/17 在休息时间，马库斯双手交替爬过了攀爬架。他连续爬了 3 次。 • 5/20 在体育活动时间，克拉向大家展示了侧手翻。

J 小肌肉运动技能

童年早期是手和手指小肌肉动作发展的关键时期。婴儿先尝试屈伸手指抓紧物体，然后逐渐能用多种方式操作物体。幼儿不断地操作物体和工具，力量、灵活性和手眼协调能力也不断发展。他们尝试越来越复杂的需要小肌肉动作的任务，如系鞋带、搭积木、写写画画等自我照顾和学习活动。

水平 0	**幼儿打开或合上手。**
解释	在这一水平的早期，幼儿能打开或合上手；在后期，幼儿可以暂时抓住一个即将从手中掉落的物体，或者使用整个手掌（手掌和大拇指）去捡或握住物体。
例子	• 1/10 用奶瓶吃奶时，卡兰把手打开又合上了好几次。 • 7/20 在选择时间，朱迪用整个手掌捡起并握住一个大金属盖子，然后把盖子放进了嘴里。
水平 1	**幼儿运用小肌肉抓握或捡起物体。**
解释	幼儿用大拇指和其他手指抓握一些材料，如捡起桌子上的麦片或橡皮泥。
例子	• 9/4 在小组活动时间，特尔捡起木塞，然后又丢掉了。 • 1/17 在户外活动时间，乔瑟琳捡起一些树叶，然后用手捏碎了。
水平 2	**幼儿组合或拆分材料。**
解释	在这一水平，幼儿小肌肉力量增强了，对小肌肉的控制力也有进一步的发展。他们可以搭积木、拆积木，可以把大钉子弄进钉板中再拔出来，也能完成简单的拼图。[注：倒出材料不属于这一水平。]
例子	• 9/4 在选择时间，玩具区，凯瑟把木钉钉在钉板上，然后又拔出来。 • 2/16 在集体活动时间，勒瓦独立完成了一个有 5 块小图组成的拼图。

水平 3	幼儿可适当控制小肌肉。
解释	幼儿利用手上小肌肉进行一些活动，如剪纸、做泥塑。幼儿对手部动作有一定的控制，但并不是特别精确（如能用剪刀沿着纸的边缘剪而不能沿着直线剪）。
例子	• 5/15 在小组活动时间，哈拉把掉在地上的纽扣捡起来放回瓶子里。 • 4/1 在工作时间，朱安在玩具区摆弄乐高积木。
水平 4	幼儿可以灵活且精准地操作小物体。
解释	这一水平的幼儿，小肌肉更有力量，也能更灵活地完成一些活动，如穿小珠子或用小镊子。[注：如果幼儿使用两只手，但一只手不动，另一只手活动，或者幼儿的两只手做不同的工作，请参照水平 6。]
例子	• 2/16 在工作时间，艺术区，马森尝试使用厚纸板和打孔机设计东西。他用一根纱线穿过这些洞。 • 11/6 在工作时间，娃娃家，塔莎把小珠子穿在娃娃的头发上，说："现在娃娃的头发跟我的很像。"
水平 5	幼儿能用 3 个手指（大拇指、无名指和中指）写写画画字母、数字及封闭的图形。
解释	幼儿用 3 个手指（大拇指、无名指和中指）握住书写工具（铅笔、记号笔）进行写和画（如字母、数字、封闭的图形）。[注：如果幼儿使用两指（大拇指和无名指或中指）捡东西或涂鸦都不属于这一水平。]
例子	• 2/1 在选择时间，奥玛把他的名字写在了电脑使用登记表上。他 3 指握笔，写下了自己的名字。 • 4/9 在工作坊时间，凯伊琳 3 指握笔，给家人画了一幅画。
水平 6	幼儿双手合作完成精准动作。
解释	在这一水平，幼儿可以更好地控制双手，并可以双手同时做不同的事情，也就是说，两只手分别承担同一任务中的不同分工（如剪图片时，一只手沿着线剪，另一只手转动纸；或者一只手固定拉链，另一只手往上拉拉链）。

例子	- 3/5 在回顾时间，亚丽安德拉画了一颗心并剪了下来，表明她想和汉斯玩（心代表汉斯）。她一只手拿着纸并不断转动，另一只手沿着她画好的线剪。
- 10/25 在户外活动时间，孙基自己拉拉链。他边拉毛衣的拉链边说他觉得冷。
水平 7	**幼儿手指灵活、有力，可以完成多步骤的任务。**
解释	幼儿有足够的技能协调手指去完成复杂、多步骤的任务，如系鞋带。
例子	- 1/15 休息后，基顿脱掉靴子换上了网球鞋。他向萨尔（助教）展示他现在可以自己系鞋带了。
- 5/20 在休息时间，安娜和嘉德用一根绳子玩翻绳的游戏。

K 自我照顾和健康行为

起初，婴儿依赖他人满足基本的生理需要，随后他们开始能自己满足自己的需要（如用手抓食物吃）。随着时间的推移，幼儿能更加胜任自理活动。幼儿也对自己的身体感兴趣并乐于学习各身体部位的名称。随着他们越来越认识到自己身体的能力，他们想知道如何才能使自己变得更强大。在成人榜样的作用下，他们也学习健康的饮食和锻炼习惯。

水平 0 幼儿会表达最基本的生理需求。

解释 幼儿通过声音（如哭、发出吮吸声）、活动（如扭动身体、转头）或手势（如伸手、抓），表达自己对食物、换尿布或拥抱等的需求。

例子
- 8/5 马提亚一睡醒就哭了，当汤姆（照顾者）把他抱起来时，他停止了哭泣。
- 12/3 当玛丽莎（照顾者）走过时，伊莎抓住她的胳膊发出嗯嗯声。

水平 1 幼儿自己用手拿食物。

解释 幼儿用手自己抓食物（如水果、蔬菜或燕麦）吃。幼儿也可以用幼儿杯（鸭嘴杯）喝。

例子
- 10/28 在午餐时间，伊娃从高椅上的托盘里拿苹果奶油酥吃。
- 2/6 在餐点时间，茹安用鸭嘴杯喝牛奶，喝完后他把空杯子递给老师，表示他还要。

水平 2 幼儿给身体的基本部位命名。

解释 幼儿给身体的基本部位（如头、胳膊、脚）命名。

例子
- 4/30 在选择时间，当读一本关于脸的书时，安娜指着米基（照顾者）的眼睛说："眼睛。"
- 7/18 在户外活动时间，白指着膝盖说："膝盖。"

水平 3	幼儿在他人的帮助下照顾自己。
解释	幼儿在一些帮助、提示或暗示下照顾自己（如根据图片的提示洗手）。
例子	• 12/20 午饭前，多纳德用香皂洗手后擦干，加文（老师）提示他关掉水龙头。 • 8/27 在工作时间，诺拉上卫生间的时候遇到了点麻烦。她脱下湿裤子放进塑料袋里，并请求戴妮思女士帮忙换上干净的裤子。

水平 4	幼儿独立照顾自己。
解释	在没有他人帮助的情况下，幼儿独立完成洗手、洗脸、穿衣服和如厕等活动。
例子	• 1/15 在户外活动前，伊森自己穿上雪裤、雪地靴和外套，戴上帽子和手套。 • 12/7 在工作时间，毕安卡用纸巾擦鼻涕，擦完后扔掉纸巾就去洗手了。

水平 5	幼儿做出有益健康的选择并能解释原因。
解释	处在这一水平的幼儿不仅仅能做出健康的行为，而且能够解释这样做的好处。[注：这种解释不能是简单地说："它对我有好处。"幼儿必须具体说出这一选择与自身健康的一些关系。]
例子	• 11/4 在午饭时间，安娜选择了苹果并说："苹果有益健康，因为它含有维生素。" • 3/28 在休息时间，汤米说："我要沿着小道快跑，因为这样可以让我的腿变壮。"

水平 6	幼儿可以解释遵循安全规则的原因。
解释	幼儿解释人们遵循安全规则的原因。[注：不能简单地说"我们（不）应该这样做"，幼儿必须就规则或步骤做出基于安全的解释。]
例子	• 4/15 消防演练结束后，本对老师说："下次我们一定要走着到大门口。如果小朋友们乱跑的话，他们可能会摔倒，不能及时逃出去。" • 5/11 在选择时间，杰拉尔多对萨米说放学后去他家。葛拉德说："你们骑自行车的时候戴上头盔，这样才安全。"

水平 7	**幼儿可以解释人们如何以及为什么要保护自己的身体。**
解释	幼儿知道只有爱惜身体，才能保持健康，继续工作。换句话说，健康不是自然而然的。幼儿能够解释不健康的行为会如何伤害身体，导致生病或无法正常工作。[注：这一解释指的是大多数人的健康状况，如果只涉及个人的选择或幼儿自身，将被记为水平5。]
例子	• 10/30 在选择时间，尼尔列说："学校以后只有水果，不会再有甜甜圈了，因为如果变得太胖的话就会不健康。" • 5/11 在晨间问候时，兰顿说："放学后我要去看医生，但是我不打针。有时候小朋友必须要打针，这样才不会得流感。"

语言、读写和交流

利用手势、口语以及书面语进行交流是人类的重要特征。在生命早期，复杂的社会互动与大脑神经结构以及口、眼、手部肌肉发育之间的相互作用，都为人类交流奠定了基础。婴儿倾听并逐渐发出声音乃至说出词汇，学步儿发现了书的乐趣，幼儿开始学习阅读与书写字母的复杂过程。他们急迫地想要掌握这个领域多种多样的技能，这样他们就可以表达自己的需要，学习周围环境中的语言和符号，还可以通过与他人交流想法、情感建立友谊。交谈成为幼儿了解并且建立关系的媒介与手段。

L | 表达

因为言语表达与婴儿信任的照顾者密切相关，所以婴儿很关注言语表达，甚至在能说出词之前，便会用咕咕声、咿呀声以及手势"讲话"。婴儿的声音逐渐呈现出他们周围所说的某种或某几种语言的音调等特征。他们很快开始记住并使用实际的单词。在学步儿期、幼儿期以及之后的时期，他们的词汇量、所使用句子的长度和复杂程度迅速发展。他们适应交谈的规则并与他人进行不断拓展的、有意义的交谈。

水平 0 幼儿发出如咕咕、咿呀的声音。

解释 幼儿在独处、与他人（或材料）互动时，发出咕咕声、咿呀声或其他声音。

例子
- 9/16 当塔莎（照顾者）摇晃亚历山大时，亚历山大发出了嗡嗡声。
- 2/4 埃琳娜边敲罐子与盘子边说："嗒嗒嗒。"

水平 1 幼儿说出（或比画）一个词来指代某个人、动物、物体或动作。

解释 幼儿说出一个词或比画一个词的意思，用来指代熟悉的人（如妈妈或爸爸）、物体（如毯子、杯子）、动物（如狗），或者动作（如向上）与愿望。因为发音或比画可能是怪异的，所以只有熟悉幼儿的人才可能明白。

例子
- 4/1 在选择时间，娃娃家，尤瑟夫捡起布娃娃说："宝宝。"
- 9/10 在餐点时间，梅多利举起了她的杯子，比画出"还要"的意思。

水平 2 幼儿说出含两三个词的短语来指代人、动物、物体或动作。

解释 幼儿将两三个词组成一个简单的短语，用来指代一个熟悉的人（如爸爸）、动物（如狗）、物体（如红色积木），或者动作与愿望（如想要更多果汁）。因为发音或用词可能不太清楚和准确，所以只有熟悉幼儿的人才可能明白他们说的是什么。

例子
- 7/16 在选择时间，谢里（照顾者）问："凯莉，你在哪里啊？"凯莉从书架的另一端突然冒出来并回答道："我在这儿！"
- 1/30 在选择时间，艾丹发现窗外有一只很大的牧羊犬。他说道："啊哦，大狗！"（uh – oh, bi daw）

水平 3	幼儿谈论不在场的真实的人或物。
解释	在这个水平，幼儿讨论并不存在于当前场景中的真实的人或物（也被称为脱离情境的谈话）。
例子	• 7/22 在工作时间，积木区，利亚姆说道："我在家的时候，有虫子爬进了我的小屋子。" • 6/28 在工作时间，水吧，马丁娜说道："我外婆正在去我家的路上。"

水平 4	幼儿准确使用代词（他、她、他的、她的……）。
解释	幼儿在交谈中准确地使用代词（他、她、他的、她的……）。
例子	• 5/7 在休息时间，斯卡利特看见地上有根头绳，问："佐薇在哪儿呢？这是她的，一定是她掉了！" • 3/19 在活动时间，计算机旁，华金对佩蒂说："把鼠标给他，现在轮到他了。"

水平 5	幼儿在复杂的句子中使用以"当……""如果……""因为……"开头的从句。
解释	幼儿使用"当……""如果……""因为……"等关联词将相关的想法组织成复杂的句子。
例子	• 3/4 在工作时间，娃娃家，两名幼儿在玩"妈妈和宝宝"的角色游戏。凯梅克对索尼娅说："因为你是小宝贝，你不能吃爆米花，要不然会被噎到的。" • 11/5 在大组活动时间，马克斯说道："轮到我选歌时，我会选择《汽车轮子转啊转》这首歌。"

水平 6	幼儿使用"要是……""假如……"等假设性语言来发起关于可能性的谈话。
解释	幼儿使用假设性语言谈论那些可能会发生的事情和无法确定的事情。［注：如果幼儿是在回答他人提出的问题时使用了假设性语言，那么就不属于这个水平。如成人说："现在正在下雨，我们怎么才能出去呢？"幼儿答道："那么我们戴帽子怎么样？"这个情况属于水平5。］

例子	• 12/4 当全班阅读了书籍《美食从天而降》后，多米尼克说道："要是在休息时间外面下鸡翅雨的话会怎么样？我们就可以野餐了！" • 3/28 在选择时间，梅甘对赛布丽娜说："如果我们住在月球上会怎么样？你觉得我们需要穿太空服去上学吗？"
水平 7	幼儿与其他幼儿共同讨论一些具体的（如和学校相关的）话题。
解释	在没有成人协助的情况下，幼儿与另一名幼儿自由交谈。交谈双方多次互动，包括听、说、提问、提供信息等。要在这个水平得分，交谈必须有具体的话题（学校相关的内容）。也就是说，不仅仅是假装游戏（以角色身份说话）或者讨论幼儿所做的一些个人的事情。
例子	• 2/4 在数学工作坊中，威廉与康纳讨论他们将要如何一起解决数学问题（数字 7 的所有组成方法）。他们讨论可以用白板、条形纸、数学日志或积木。他们分享了想法（"白板不好，因为可能会被擦掉""条形纸会被吹来吹去"），决定使用积木，并将他们的想法写在数学日志上。[注：关于威廉与康纳的逸事。] • 3/30 在活动时间，莱娜向梅勒妮展示了她做的有关企鹅的海报。她描述了企鹅爸爸是如何照顾企鹅宝宝的，企鹅妈妈是如何得到食物的，也回答了梅勒妮提出的关于它们吃什么的问题。[注：关于莱娜的逸事。]

M | 倾听与理解

倾听与理解口语和书面语是幼儿语言发展的重要方面。幼儿从理解简单的词和短语（包括标志和手势）逐渐进步到理解更复杂与详细的信息。幼儿对口头和书面语言的理解经历了一个相似的发展过程。首先，他们理解个别的故事元素，如一个角色或者事件；其次，他们领会了角色、片段以及事件之间的次序及因果关系。同时，幼儿也开始将他们听到的、读到的和周围生活中的人和事联系起来。

水平 0	幼儿通过转头或者微笑对听到的声音做出回应。
解释	幼儿通过把头转向说话者、注视或者微笑来对听到的声音做出回应。说话者可能在视野中，也可能不在视野中。
例子	• 9/29 汉克森躺在户外的毯子上，对和他说话的特瑞莎（照顾者）微笑。 • 12/16 汉娜正躺在垫子上，当她听到凯（照顾者）的声音时，便把头转向凯。
水平 1	幼儿用非语言方式对简单的陈述或要求做出回应。
解释	幼儿用简单的举止（如点头、摇头、看向被提及的人或物）或者适宜的动作（如拿起需要的物体）对口头的陈述或要求做出回应。
例子	• 5/28 午睡时间后，卡罗琳（照顾者）对塞巴斯蒂安说："快来穿上你的鞋吧！"塞巴斯蒂安将鞋子递给了卡罗琳。 • 12/16 在选择时间，索菲亚（老师）和马森正在看一本书。当索菲亚问"我想知道小猫去哪儿了"时，马森指了指书上藏在谷仓后面的小猫。
水平 2	幼儿对简单的陈述或问题做出语言上的回应。
解释	幼儿用一个词（如"是"或"不"）或者简单的短语（如"再来点牛奶"或"已做完"）对一个口头的陈述或问题做出回应。
例子	• 7/19 在入园时间，莫丽的妈妈离开时说："一会儿见！"莫丽回答："再见！" • 10/4 在午餐时间，托马斯（照顾者）问达米安是否还想要更多的薄脆饼干，达米安说："吃饱了。"

水平 3	幼儿加入谈话，并能将谈话的内容与自身的经验相联系。
解释	幼儿倾听他人之间的对话，对他们正在讨论的内容有一定的想法，并与自身的经验联系起来。幼儿做出了与正在讨论的主题相关的评论。
例子	• 7/11 在问候时间，博桑听到斯特拉与她的爸爸说要去消防局参观的事。他凑近说："我们要看到有大梯子的消防车啦！"［注：关于博桑的逸事。］ • 8/25 在工作时间，水桌旁，海登听到杰姆与辛西娅谈论生日。他说："我3岁了。"

水平 4	幼儿可以复述（记忆）故事或书中的3个或者更多的细节。
解释	在和成人或是其他幼儿讨论故事或书时，幼儿可以分享至少3个细节(如角色、形象、动作或事件)，幼儿可以很自然地说出这些信息并对后续的问题做出回应。
例子	• 11/9 在问候时间，埃斯安说道："我喜欢关于迈克斯的书。他对妈妈发火后，穿着狼的服装，乘着船去找怪兽了。" • 3/22 在餐点时间，宝拉说："我有一本新书，名叫《古纳什小兔》。"当朵拉小姐问她书的内容时，宝拉说："这是关于翠西的书。她有一只兔子，她把它弄丢了，变得很失落。"朵拉小姐问道："翠西找到她的兔子了吗？"宝拉回答："是的，他们把它忘在了洗衣机里。"

水平 5	在阅读一个不熟悉的故事或书时，幼儿能预测接下来要发生的事情并给出理由。幼儿所做出的预测是基于之前发生的故事或自己的亲身经验。
解释	即使对正在讨论的故事或书并不熟悉，幼儿也可以说出自己认为的即将要发生的事情。幼儿所给出的预测是基于之前发生的故事或自身经验。幼儿可能会很自然地说出来，也可能在回答问题的时候表达出来。
例子	• 2/3 在工作时间，图书区，汉特在听马瑞达(老师)朗读一本新书。他说："我认为妈妈会让女孩回来并给她买那只熊，因为她真的想要它。" • 4/16 在来园时间，安吉丽娜正在听故事。她说："我认为鸭子将会跟着猪回家，因为前面它就是这样做的。"

水平6	幼儿对口头或文本中出现的关键点提出疑问或做出回答,表现对内容或主题的理解。
解释	幼儿表现出对(从印刷品或屏幕)听到的或看到的信息的兴趣和一定程度的理解,对相关话题提出疑问或回答有关问题。
例子	• 10/2 当史密斯先生在读一本关于大海的书时,苏珊娜问他在大海里游泳是否安全,那里有没有鲨鱼。 • 1/16 当阿尔瓦罗正在讨论恐龙时,朱利安询问他雷龙是食草动物还是食肉动物。阿尔瓦罗告诉他雷龙是食草动物,它的长脖子可以帮助它够到那些高高的树叶。[注:关于阿韦龙与朱利安的逸事。]
水平7	幼儿能对书本或故事中的人物、事件、主题的关系进行比较与对比。
解释	在讨论或是陈述中(利用图),幼儿说出角色与事件的异同之处。幼儿知道虚构或非虚构的文本的核心理念或主题。幼儿可能会引用文中具体的证据。
例子	• 5/15 当使用维恩图探索熊的角色时,艾沙克注意到熊爸爸与熊妈妈都喜欢粥,但是熊爸爸的粥"太烫了",熊妈妈的粥"正好",他说:"这就是不同之处。" • 4/5 在看关于蛇的科普书时,坦尼亚说:"书中第7页说有一些蛇会下蛋,但是有一些则生蛇宝宝。"

N 语音意识

语音意识指识别构成单词的发音。对于稍小的幼儿，这个意识始于识别单词的尾音（韵脚，如"at"在"cat"和"hat"之中都有）以及首音（头韵，如"b"在"ball"和"baby"中都有）。稍大的幼儿开始分解（拆分）或者组合（合成）单词中的音素，即组成单词的最小的语音单位。语音意识对学习阅读十分必要。幼儿通过对话、单词游戏、歌曲、儿歌以及故事来发展语音意识。

水平 0 幼儿回应环境中的声音（转头、看、蹬腿、害怕或者安静下来）。

解释 幼儿对周围环境中的声音做出反应，这些声音可能是说话的声音、机械或交通工具的噪声、音乐或自然中的声音。幼儿可能哭或者发出咕咕声，可能受到惊吓或者保持安静，可能转头或者凝视、蹬腿或者扭动，或者发出其他声音或律动。

例子
- 11/7 玛莱纳正躺着，听到伊凡摇铃，她踢了伊凡一脚。
- 8/19 当艾丽西亚（照顾者）唱歌给本杰明的时候，他安静了下来。

水平 1 幼儿发出某种动物、交通工具或其他熟悉的物体的声音。

解释 游戏时间，当幼儿听故事或是参与集体活动时，他们会模仿某种熟悉的动物、机器或是其他物体的声音。

例子
- 5/16 在选择时间，特瑞娜手脚并用地在地上爬，发出喵的声音，假装自己是一只小猫。
- 10/2 在户外时间，诺兰推着大卡车穿过人行道："呜！"

水平 2 幼儿跟着其他人说儿歌或和别人一起念儿歌。

解释 幼儿跟着其他人发声（"喂"），或是说一些与儿歌、手指游戏相关的词。幼儿的发音或说出的词可能要比儿歌中慢一些。

例子	• 7/15 在集体活动时间，孩子们在玩手指游戏："打开，合上，拍一拍……把小手放在膝盖上！"艾利打开并合上他的手，等到说"膝盖"的时候，他说："膝盖。" • 9/28 卡罗琳和丹尼尔（照顾者）一起坐着，跟着念儿歌："一，二，扣上我的鞋。"
水平 3	幼儿自发地说正确的或自编的押韵的词。
解释	幼儿自己能够说出与另一个词有相同韵脚的词，可能是正确的（如"red"与"bed"押韵），也可能是自编的（如"bocket"与"rocket"押韵）。
例子	• 1/13 在小组活动时间，沙隆达正在画手指画。他说："颜料黏糊糊的。"（The paint feels sticky icky.） • 9/12 在工作时间，图书区，科里在摇椅上一边晃一边反复说："摇啊摇啊，袜子"（Rock, bock, rock, sock.）
水平 4	幼儿能识别任意两个韵脚不同的词。
解释	幼儿能发现某两个词结尾的声音不一样。幼儿不一定会用"押韵"这个词。他可能会说"它们不是一起的"或"那不对"。
例子	• 8/22 在户外活动时间，水桌旁，杰萨用绳子（rope）拉着一艘小船（boat）。她说："绳子与小船是押韵的！"她停了一下，然后说："不，它们不押韵！" • 2/16 在工作时间，图书区，苏（老师）读《绿色的鸡蛋和火腿》给孩子们听，她故意说 grape 与 goat 押韵，杰瑞说："不对！它们不是一起的！"
水平 5	幼儿可以指出两个（真实存在的或自编的）词首音相同。
解释	幼儿知道两个词以相同的音开始。只要逸事很清楚，那么幼儿不需要说出"他们是以相同的声音开始的"这句话。这两个词可能是真实的（如"cat"和"car"）或者自编的（如"Damon"和"diffy"）。幼儿可能会很自然地说出来，或在被问到的时候说出来。

| 例子 | • 5/9 在户外活动时间,比基看见在球(ball)上有只虫子(bug),他说道:"虫子与球,它们都听起来好像我名字里的 B！"
• 3/16 在问候时间,任在读留言板信息。任问一个参观者和他字母相关的符号是什么。当对方回答说他叫戴维(David),他也不知道他的和字母相关的符号是什么时,任说道:"我知道,你可能是:戴维狗(David the dog)！" |
|---|---|
| 水平 6 | 幼儿可以识别某个词的首音和尾音。 |
| 解释 | 幼儿既可以识别某个词的首音,也可以识别其尾音,如:幼儿说单词"cup"以 /k/ 开始,并以 /p/ 结束。[注:要在该水平得分,幼儿要能在提示下识别单词的首音和尾音。] |
| 例子 | • 3/13 在诺亚写日志时,他说出单词"rug"并写下了"rg"。
• 4/9 在活动区时间,亚历山大用单词磁片拼出了桌子上物体的名称。她说出了 /b/ 与 /k/,并且用 B 与 K 的磁片去代表她拿着的书。 |
| 水平 7 | 幼儿可以分解或组合一个由 3 个或更多音素组成的单词。 |
| 解释 | 幼儿将 3 个或更多不相关的声音相结合,从而创造一个单词,或者将一个单词分解成 3 个或更多的音,如:幼儿结合 /d/ /o/ 以及 /g/ 制造出一个单词,或者说出单词"song"是由 /s/ 等 3 个音组成。[注:要在该水平记分,幼儿可以是在根据某个提示回答。] |
| 例子 | • 2/12 杰克正在老师的指导下进行阅读活动,他停在了单词"rat"上,放慢了速度,大声地拼读。
• 11/10 在晨间信息时间,尼克帮助全班在第一条消息的位置写"music"(音乐)。他想了一会儿,一边缓慢地发出了这个单词的每一个音,一边写下"musik"。 |

O 字母知识

字母知识是指对字母名称的学习，字母原则（alphabetic principle）就是理解字母和其发音之间的关系。稍小的幼儿不能够区分字母和其他视觉符号之间的异同，他们非常喜欢观察图片，发现一个个特征（如人脸的嘴巴部分）。渐渐地，他们发现字母是一种特殊的符号，每个字母都有其对应的发音（或多个发音）。这就是一个顿悟时刻，通常从幼儿认识自己名字中的字母开始，然后逐渐扩展到其他字母和发音。

水平 0	幼儿留意身边的视觉图像。
解释	幼儿专注地看自己周围的事物，如脸、毯子上的图案、手机里出现的物体、镜子里的反射图像或是有着强烈对比的照片。
例子	• 1/15 当卡拉（照顾者）将波尼塔抱到镜子前时，波尼塔注视着镜中的自己，并轻拍着镜子。 • 6/10 里奥注视着黑白卡里面的黑色与白色图像。
水平 1	幼儿玩体现字母特性的三维材料。
解释	幼儿操作体现字母特性的材料，如直边、圆（曲）面、圆和角度等。这些材料可以是三维字母。
例子	• 11/9 在选择时间，史蒂芬将直边与圆边的积木放进自动装卸卡车。 • 5/25 在选择时间，马莲娜在沙桌上把木制字母用沙子盖起来。
水平 2	幼儿可以说出或者唱出一个字母。
解释	幼儿说出或者唱出字母的名称，如机械地唱字母歌。
例子	• 3/18 在集体活动时间，阿玛瑞哼唱"A–B–C–D–M–O–P"。 • 10/22 看字母书时，当莫丽（照顾者）翻到字母"S"那一页时，贝纳德说"B"。

水平 3	幼儿认出一个字母。
解释	幼儿认出一个大写或小写字母，这个字母通常是他名字的首字母。[注：要在这个水平得分，幼儿需要认识（最多）9个字母。随时注意观察幼儿对那个字母的识别情况，如是否能大声读出来或者在听到这个字母时指出来。
例子	• 11/3 在问候时间，斯丽薇（Sylvie）指着签到表上她名字中的字母，一一读了出来。 • 4/9 在户外活动时间前，劳伦斯指着他柜子上的"L"说："这是我的 L。"
水平 4	幼儿认识 10 个或者更多的字母。
解释	幼儿认识 10 个或者更多的大写或者小写字母，通常辅音与元音都有。这些字母来自幼儿的名字和他经常看的印刷品。[注：随时注意检查幼儿对字母的识别情况，如读出来（命名）、自然地指出来或者在回答问题或评论时说出来。]
例子	• 2/28 在工作时间，读写区，罗伊斯在玩字母火车拼图，他借助盒子上的火车图案排好拼图。他正确地识别了字母 A、B、C、D、E、M、O、R、S、Y 和 Z。 • 7/6 在工作时间，艺术区，埃里克斯注视着小组名单上的名字，并且在索引卡上印出了每一个名字。她认出了盒里装的所有的 14 个字母。
水平 5	在没有成人的推动下，幼儿用自创的拼写方式拼写新单词。
解释	幼儿基于对字母发音的已有知识，尝试拼那些他暂时不知道如何拼的单词，包括书写，在键盘上打，从一堆字母中选出字母或说出字母。要在这个水平上得分，拼写并不需要一定正确，但是应该大体上包括单词主要的辅音或者有着相似发音的辅音（如 DK 对于 dog），可以是大写，也可以是小写。[注：以下情况不能记分，即单词是熟悉的，如幼儿的名字或者常用的单词（爸爸、妈妈等），幼儿可能已经记住其拼写。]
例子	• 9/12 在工作时间，图书区，安娜取出磁铁字母 I、L、F 和 U，将它们放置在金属板上，然后说："这就是'我爱你'。" • 5/23 在回顾时间，德鲁写下 "PA KR"（play car）并说他和贾斯汀、拉农玩汽车。

水平 6 幼儿认识所有字母。

解释 幼儿知道全部 26 个英文字母，包括它们的大写和小写形式。[注：随时注意检查幼儿对字母的识别情况，如幼儿是否能读出来（大声命名）、自然地指出来或者在回答问题或评论时说出来。]

例子
- 1/13 在活动区时间，爱沙对史密斯小姐说："我正在写单词 fantastic，我有 F、A、N 以及 T，我还需要什么呢？" 当史密斯小姐告诉了爱沙其余的字母时，爱沙一一把它们写了下来。
- 5/23 在户外活动时间，卡罗指着操场上的指示牌，上面写着"请关好大门"（Please Close the Gate）。他认出了大写的字母 P、C 以及 G，以及小写字母 e、a、o 和 t。

水平 7 幼儿能识别至少两个辅音和两个元音组合。

解释 混合辅音（或辅音群）出现在单词的开头（如 /br/、/cl/、/fl/、/gr/），或者出现在单词的末尾（如 /ng/、/rk/、/st/）。幼儿识别并发出了混合辅音，以及短元音、长元音（如在"cat"中的"a"，在"came"中的"a"）。[注：教师要随时注意检查幼儿对混合辅音和元音发音的掌握情况，当你观察到幼儿能识别至少两个辅音和两个元音发音的时候，可以在这个水平予以记分。]

例子
- 12/3 在晨间信息时间，艾利注视着在午饭菜单上的单词"apple"，并念了出来。
- 3/17 在小作家工作坊时间，穆罕默德说出了"gr-een, green"和"pr-i-ce, price"（gr 和 pr）。

P 阅读

在读字母和单词前，幼儿会先看图。当幼儿听到成人重复熟悉的图画书中的单词时，他们开始明白这些单词在书上每一页的"符号"中。幼儿阅读熟悉的符号（如停止标志、快餐商标以及荧幕上的图标），这是阅读实际单词的开始。幼儿会读的第一个字母与单词通常是他们的名字或是其他熟悉的单词。随着他们的字母知识逐渐增加，他们可以说出更多单词，或者借助上下文的线索来阅读。

水平 0	幼儿注视书中的图片。	
解释	幼儿注视书上或其他印刷材料如明信片、标志或杂志上的图片。这些材料的摆放能让幼儿看得到。	
例子	• 8/11 皮特坐在诺拉（照顾者）的腿上，注视着动物书上的图片。 • 12/4 当麦甘（照顾者）抱着克里斯缇娜去厨房拿她的水瓶时，克里斯缇娜盯着冰箱门上的宝宝照片看。	
水平 1	幼儿指出图片或照片上熟悉的物体。	
解释	幼儿指出在书中、照片上或其他印刷材料上出现的熟悉的事物。幼儿可能自发地指出一些感兴趣的事物，或者在回应成人评论或问题时指出（如"我想知道小狗在哪里"）。	
例子	• 7/20 看动物书时，卡洛雷特指了指马。 • 2/15 梅蕾丝正在看全家照，凯瑞（照顾者）问："妈妈在哪里？"梅蕾丝轻轻拍了拍妈妈的照片。	
水平 2	幼儿"阅读"图片或照片，说出所看到的内容。	
解释	幼儿注视着图片，说出上面的人、物以及动作。幼儿可能在一张图片上说出一个或者更多的物体（如全家福上有妈妈、爸爸、哥哥、姐姐和宠物），或者在所有图片中寻找相同的物体（如当图片上都有狗时，每次都能指出来）。	

例子	• 4/14 在午睡时间前，杰姆注视着他的全家福。他指出了照片上的妈妈并且说道："妈妈。" • 11/21 听《晚安，月亮》这个故事时，伊莎贝拉注视着小猫并说道："晚安，小猫。"
水平3	幼儿知道常见符号代表什么。
解释	幼儿认识周围环境中常见的标志，如快餐标志、产品商标、教室里的区域标志，或者常见的"不"的标志。
例子	• 9/17 在清理时间，瑞莎德将"工作进行中"的标志放在他的车上。他指着一张带"不"的标志手的图片说："这是不要触摸的意思！" • 2/6 在计划时间，凯莉指着计划轮上娃娃家的标志说："娃娃家。"
水平4	幼儿能读出两个或更多的单词。
解释	幼儿能读出在印刷品上看到或自己写过的两个或更多的单词。在这个水平，幼儿读出的单词可以包括幼儿自己的名字或者熟悉的单词，如"妈妈""爸爸"。
例子	• 3/9 在餐点时间前，艾薇看着挂在墙上的点心表读出了上面每一名幼儿的名字。 • 8/11 在工作时间，艺术区，尚塔尔在信封上写下了单词"爸爸"和"妈妈"。他一边指着每个单词，一边向老师大声读出来。
水平5	幼儿能读出印刷品上3个或更多的单词（不包括自己的名字、家庭成员的名字或朋友的名字）。
解释	幼儿能读出印刷品上的3个或者更多的单词。要在这一水平上记分，这些单词应该是幼儿不会写和背的（否则的话，单词是幼儿记住的而不是读出来的），是来源于其他人的。不要把自己、家人和熟悉的朋友的名字算在内。
例子	• 6/12 在工作时间，杰里美走到教室内的单词墙前，指出并说出了单词"dog""love"和"book"。 • 4/28 在问候时间，艾琳阅读了她的小组写的回顾。她读出了单词乐高（Lego）、宝宝（baby）和电脑（computer）。

水平6	幼儿根据文本中的线索读出不同的单词，利用字母发音（字母原则）、图片线索（视觉环境）、语言模式（句法）以及词汇（词义学）读出新的单词。
解释	幼儿阅读某一句中的几个单词（也就是说，幼儿不把单词当作一个词组，或他只是在重复），幼儿可能在说出每一个单词时会点头示意或指出来。如果幼儿不知道一个单词，他可能会努力阅读或者跳过。为了解读（阅读）不熟悉的单词，幼儿会使用多种策略与线索，包括说出字母、注视有关联的图片、回忆先前文本的语言模式，把他知道的词汇当作语境。
例子	• 4/30 在数学时间，萨那阅读问题，她一边读"Dad had six"一边指出了相应的单词。 • 5/22 当给玛菲女士（老师）讲故事时，波西一直在琢磨一个不认识的单词。老师提醒他可以先跳过这个单词，所以波西读道："拉夫能……拉夫能坐下不动。"（Ruff can do... Ruff can sit and stay.）然后波西又回看了那个句子，并且重新读道："Ruff can do tricks!"

水平7	幼儿通过把单词拆分成音节的方法来破译（阅读）双音节词。
解释	幼儿通过运用诸如 ing 或者 ly 语言模式，读出单词的音节。
例子	• 3/11 在阅读小组活动中，达米安读单词"gladly"时，说："ly，就像在 only 里的 ly 一样。"然后读出单词"gladly"。 • 6/2 在阅读时间，费利西蒂通过把单词拆分成音节，读出了单词"coming"。

Q 图书知识与乐趣

所有年龄的儿童都喜爱看书。婴儿起初对待它们就像对待其他物体一样，但是他们很快发现书很特殊，它的特殊之处在于里面包含图和故事。多次接触图书后，幼儿开始明白书是怎么回事，如大部分书都是从前往后看的。渐渐地，幼儿发现了自己喜欢的书并要求成人给他们一遍一遍地读。随着幼儿语言能力和理解力的提升，他们对书的内容和顺序有了更多的理解，并开始对书中的人物、情节和环境等细节有一定的关注。

水平 0　幼儿用手摸、抓书或者吃书。

解释　幼儿将书视为一个有趣的物体，并用其所有的感官探索。

例子
- 10/30 麦瑟和马瑞琳（照顾者）一起坐着，轻轻地拍着书的内页。
- 1/15 艾薇坐在毯子上，把书放进嘴里。

水平 1　幼儿翻书。

解释　幼儿很乐于将书视为可以操作的物体，也很享受翻页的动作。幼儿并不关心书是否摆放正确。幼儿可能会停下来看书中的图片，也有可能很快翻过去，甚至会一次翻好几页。

例子
- 7/12 在户外活动时间，内森在毯子上坐下后，从篮子里选择了一本书。他把书颠倒拿着，把书打开再合上，来来回回好多次。
- 10/9 在午睡时间，娜塔莎拿起一本书并向后翻页，每次翻好几页。

水平 2　幼儿能按照从前到后的顺序看书，每次只翻一页。

解释　幼儿现在已经对书有了一定的感知，也就是说，知道书是按照从前往后的顺序阅读的，每一页必须按顺序阅读。[注：在这一水平，幼儿也许会说出书上看到的物体的名称，但还不能做评论或详细说明，后者需要达到水平 3 才可以。]

例子	- 4/5 在问候时间，埃文拿着《火车》这本书一页一页翻着看。 - 11/8 在工作时间，图书区，凯特（老师）倒着递给艾米丽一本书，艾米丽把书正过来，一页一页翻着看。
水平 3	幼儿使用短语或句子谈论书中画的人、动物、物体和事件。
解释	在这个水平，幼儿会评论在图片上看到的东西，或者会重复与书中图片相关的文字。
例子	- 10/4 在工作时间，图书区，艾迪看完《恰恰嘭嘭》后，重复书中的一句话："恰恰嘭嘭那里会有足够的地方。" - 2/17 在问候时间，戴斯与妈妈一起看了《晚安，大猩猩》。她说："现在，猴子把大象从笼子里放出来了。"
水平 4	幼儿选择或者要一本特别的书。
解释	幼儿可能会记得一本特别的书或者对某一主题（如恐龙）感兴趣。要在这一水平得分，幼儿必须表现出对某本特别的书或主题的喜爱（如选择同一本书反复阅读，选择有关某一主题的书，或者寻找一种特别的书）。在浏览整个书架前，幼儿可能会说出自己想要什么书或者描述自己想读的书的特点。
例子	- 3/3 在餐点时间，轮到凯西挑选书了，他说："我要选绿色大怪物的书！"（他总是选择这本书） - 8/15 在参观流动图书馆时，玛雅向图书管理员询问了关于马的图书。她说："我喜欢马的书！"
水平 5	幼儿能解释喜欢某本特别的书或者某一系列书的原因。
解释	幼儿说出为什么这本书是他的最爱。理由可能是幼儿喜爱这个故事或是故事中的某个角色。对于系列丛书，幼儿可能很想知道这个特别的故事是如何与另一个故事相联系的，又或是某个特别的角色下次会采取什么样的冒险行动。[注：要在这个水平记分，幼儿要能自发说出原因或回答有关问题。]

例子	• 9/3 在问候时间,当听故事《野兽国》时,德文说:"我喜欢这本书,因为这里面的野兽很愚蠢。" • 1/7 在问候时间,奥莉薇选择了《古纳什小兔》这本书。她说:"这本书是我的最爱,所有关于古纳什小兔的书都是我的最爱。在这本书里,翠西像我一样是个大姑娘。"
水平6	幼儿能按照一定顺序复述一个故事或一本书中的4件事(或者更多)。
解释	幼儿可以至少记住一个故事或一本书中4个事件的顺序,并且将它们按正确的发生顺序复述出来。幼儿能够理解故事的逻辑顺序,并且知道事件是如何相互联系的。[注:在某些书或者文化中,故事是以倒叙的方式讲述的,也就是说,故事的结尾在开头就已经被告知了。在这种情况下,幼儿要知道故事的开头事实上告知了故事的结尾。]
例子	• 2/17 在听了故事《杰克和仙豆》后,安娜画出故事开始怎么了,接着发生了什么,之后又怎么了,最终发生了什么。 • 3/13 当吉娜妈妈来时,吉娜向她讲述了刚刚听到的故事:"一个男孩快步走了一会儿,他看见许多动物。一只狗跟着他,但是妈妈让他接着快步走。"
水平7	幼儿根据故事的角色、背景以及事件(情节)等要素总结书的内容。
解释	幼儿大致明白了这本书,并且能够清楚扼要地复述所有的要素,包括主要的角色、场所、事件、问题或者情境,以及问题是如何解决的。
例子	• 5/18 在活动区时间,贾巴尔在电脑上完成了故事思维图。他用不同头像代表故事中的两个主要角色,并画了一所学校来说明背景。他将故事思维图呈给金士顿先生,说小朋友(故事中的两个角色)都想要足球,但是最后决定一起玩。 • 11/4 在教师带着阅读时,文森特向自己小组的小朋友们解释了故事中的问题:"孩子们认为在这个房子里有一只怪兽,只有斯科蒂想到了,那只是一只仓鼠而已!"

R 书写

幼儿将口头语言与书面语言联系起来后，便想要写下自己的想法与人分享。事实上，幼儿在会读之前就会"写"（涂鸦）了。尝试"写"字母和数字是幼儿书写发展中的一大进步。他们先"写"类似字母的形状（直线或曲线），逐渐发展到准确书写字母，最后发展到书写单词。在这个过程中，幼儿也学会了书写常规。随着幼儿词汇量与字母知识的增加，他们的书写在长度和复杂程度上也得到了提升。

水平 0		幼儿能抓住物体。
	解释	幼儿能抓住物体——这些物体可能是各种类型的。这些抓握的动作为今后抓握和使用书写工具奠定了基础。
	例子	• 8/22 蔡斯伸手够一个橡胶圈并把它捡了起来。 • 6/25 薇薇安捡起一个夹衣服的夹子，又扔下，然后再次捡起。
水平 1		幼儿在书写界面上做记号。
	解释	幼儿拿着书写工具（如记号笔、蜡笔或颜料刷）做了个记号。
	例子	• 7/15 在集体活动时间，凯尼恩用蜡笔在纸上做了个模糊的记号。 • 12/4 在集体活动时间，达芙妮用笔刷在纸上轻点。
水平 2		幼儿涂鸦。
	解释	涂鸦是做一系列连续的、相关的记号。这些记号可能是在持续的来来回回的动作中画出来的，包括直线、波浪线、曲线等。
	例子	• 4/6 在选择时间，丹尼拉使用蜡笔来回地涂，占了画纸上大部分空间。 • 7/18 在户外活动时间，阿奇用粉笔在人行道上画圈圈。
水平 3		幼儿写下了一个个类似字母的形状。
	解释	幼儿对自己的书写有了更多的控制，能够"写"出具有字母和数字的某些特征的形状，如线条（垂直的、水平的或者倾斜的）、圆和半圆。

例子	• 11/2 一到幼儿园，奥利就在他的名字旁写下了"O"，并在签到表上写下了和这个字母相关的符号。 • 3/15 在工作时间，艺术区，布里安娜在笔记本上画了直线和圈圈，她说："这是我的购物单。"
水平 4	**幼儿能写出 5 个或者更多可识别的字母或数字。**
解释	幼儿能写出至少 5 个字母或数字，通常包括自己名字中的字母和自己的年龄。
例子	• 1/12 一到幼儿园，伊丽莎白就在她的名字旁写下了"ELIBEH"，并在签到表上写下了和这个字母相关的符号。 • 2/16 在工作时间，娃娃家，玲写下了"LING 4"，她说："这是我的名字，我 4 岁了。"
水平 5	**幼儿有目的地将字母结合起来形成单词（自己名字除外）。**
解释	幼儿将两个或更多的字母（不包括自己名字中的字母）连起来，写下一个单词。幼儿有目的地写下这些单词，用来标记一幅画、一张卡片，或者制作一个游戏道具。字母可能是从某本书中抄的，可能是老师或同伴说的，也可能是幼儿自己发明的。拼写不需要正确。[注：如果幼儿写下了一串随意的字母，并且告诉老师这表示某件特别的事情（但是字母与幼儿所说的无关），这应该标记为水平 4。]
例子	• 5/24 在选择时间，积木区，萨迪克问老师如何书写单词"open"。当老师说出这些字母时，他写在了船的标签上。 • 6/19 在工作时间，艺术区，珍娜画了一颗心并写下："生日快乐，妈妈！"（HPE BRDA MOM！）
水平 6	**幼儿写出一个句子，每个单词之间留有空格。**
解释	幼儿将单词串联起来，写出一个句子。幼儿能在单词之间留出空格（虽然偶尔会忘记），用来表明每一个单词代表一个明确的想法或意思。拼写不需要正确。如果没有空间了，幼儿可能沿着纸接着书写。

例子	• 9/18 在早晨工作时间，埃琳娜在她的日志上画了一幅动物的图。她写道："我们去了动物园。"（We wnt to the zu.） • 12/1 在小作家工作坊，桑福德写道："我喜欢冰淇淋。"他用他的手指比画着在单词间留出空格。
水平 7	幼儿能遵循（英语）书写规范，沿着横线从左到右写下几个句子。
解释	书写句子时，幼儿能遵循书写规范，如：在横线上从左到右写，并在每个句子结尾处写一个句号。当写完一行没有空间时，幼儿会到下一行从头继续开始写。拼写不需要正确。
例子	• 4/14 在活动区时间，艾普写下了一个由 4 句话组成的故事。当一行写到头时，他移到了下一行，并从头接着书写。 • 1/31 在选择时间，莱纳在板上写。她在一个比较小的地方写下了几个句子。每写到一行末尾时，她都会移动到下一行的开头接着写，并在每个句子后写下句号。

数　学

　　对幼儿来说，数学绝不仅仅是机械的点数。幼儿喜欢数真实的物体，喜欢数字。拼拼图、搭积木的时候，幼儿学习了几何；比谁跳得更远的时候，幼儿探索了测量；当幼儿用艺术材料有规律地活动的时候，就为今后的代数学习打下基础；当收集数据来回答问题（如"我们中有多少人想吃零食包里的椒盐脆饼？"）的时候，幼儿就进行了数据分析。仔细观察，你会发现这些数学活动每天都在幼儿的活动中自然发生。

S 数字和点数

儿童通过数实物（如物体、人和事件）来学习点数。对于婴儿而言，发展数感与满把抓某个物体一样，都是很基础的技能。到了学步儿期，他们开始学习数字。学前儿童基于每天的经验积累知道数字表示的是事物的量，并且逐渐意识到最后一个数字代表的是总数。随后，他们开始比较数量的多少，对数量进行组合和分解。

水平 0　幼儿注视、触摸或操作某个物体。

解释　幼儿在注视、触摸或操作某个物体的过程中发展"1"的概念，如一张脸、一只手、一只脚和一个拨浪鼓等。

例子
- 8/3 斯基躺在毯子上，眼睛看着身旁的球。
- 7/22 在户外，布兰克拿着一个松果一遍遍地转着玩。

水平 1　幼儿用单词、手势或短语要求"更多"。

解释　幼儿表示想要更多，这表明幼儿明白数量是可以增加一个或多个的。

例子
- 2/13 在午餐时间，玛利亚拿着她的空碗走到放玉米的盆前，说："还要。"
- 7/11 在选择时间，积木区，乔舒亚说"MO"（more，更多），接着去拿了更多的积木。

水平 2　幼儿使用数词或机械地数数。

解释　幼儿只是机械地数数，还不知道数字的具体含义（即幼儿不能一一对应地点数）。

例子
- 1/14 伊丽莎白坐在老师腿上看一本数字书，当老师翻页时，她很自然地说出了"3"和"1"这两个数字。
- 10/29 在选择时间，积木区，米基一边数着他的车一边说："1、2、3、5、3、4、5、7！"其实他是一直在重复地数 3 辆小汽车。

水平 3		**幼儿（一一对应地）连续点数 10 以内的物体。**
	解释	幼儿正在发展数感，并可以连续地点数 10 以内的物体。有时，幼儿可能会重复计数（如"1、2、3、4、4、5"）或者跳着数（如"1、2、3、4、5、6、8"），他可能意识不到说出的最后一个数字就是总数。[注：如果幼儿一直重复点数（一遍遍地数一件物品），那他属于水平 2。]
	例子	• 5/30 在工作时间，玩具区，夏妍娜在数玩具猴："1、2、3、3、4、5。"她数完把玩具猴递给老师。 • 8/19 在餐点时间，凯拉数着盘子里的 7 块金鱼饼干，她一边数一边说出一个数字（盘子里确实有 7 块饼干）。
水平 4		**幼儿能识别 4 个及以上的个位数字。**
	解释	幼儿能够识别 0~9 中的 4 个或更多的数字。[注：随时观察幼儿认数字的情况，如说出数字，指数字，或回应一个评论或问题。]
	例子	• 5/18 在选择时间，娃娃家，塞缪尔打电话给"医生"，他一边说"3、7、5、2"，一边按手机上的数字键盘。 • 6/19 在工作时间，玩具区，安娜在玩棋盘游戏时转数字轮（轮上有数字 1~9）。转到哪个数字，她就说出哪个数字，并将棋子挪动几步。她先后转到了数字 4、1、5 和 8。
水平 5		**幼儿能点数 10 个以上的物体（数与物体一一对应），并根据最后一个数报出总数。**
	解释	幼儿能够正确完成 10 个以上物体的计数，并知道自己说的最后一个数就是这些物体的总数。如幼儿正确地数到"12"，然后说："这有 12 个。"
	例子	• 4/14 在工作时间，玩具区，马基数出 13 颗钉子，说："我有 13 颗。" • 7/23 在入园时间，青木数了每个小朋友的小格子标志，然后告诉叔叔："我们班有 18 个孩子。"（他是正确的）
水平 6		**幼儿能说出一组比另一组多多少或少多少。**
	解释	幼儿对两组物体进行点数，并说出两组物体的数量是否相同。如果不同，能说出哪一组多了多少，或哪一组少了多少。[注：如果幼儿能说出哪一组数量更多，但说不出多了多少，那么就不属于这个水平]

例子	• 1/28 在活动区时间,安东数黑色积木,迈克拉数蓝色积木。安东说:"我有 15 个黑色的。"迈克拉回应:"我有 14 个蓝色的。"安东又说:"我比你多一个。"[注:关于安东的逸事记录。] • 9/22 在数学时间,内奥米给两组小朋友发纸。她数了数,红色桌子那有 8 个小朋友,黄色桌子那有 5 个小朋友,说:"红色桌子多 3 个小朋友。"
水平 7	幼儿对一个数能用两种或更多的方法进行组合和分解。
解释	幼儿能够进行 9 以内物体数量的组合和分解,如他知道 2 加 3、4 加 1、2 加 2 加 1 都等于 5(组合),他也知道 5 可以用同样的方式拆分(分解)。
例子	• 2/10 在区域时间,乔纳森在做加法练习。他掷骰子掷出了 3 和 1,然后说:"1 加 3 等于 4,你知道 4 的其他组合方法吗?还有 2 加 2。" • 5/19 在数学工作坊,格雷琴在白板上计算谁和谁相加等于 7。她把 1 和 6、3 和 4,还有 2 和 5 组合在一起了。

T | 几何：形状与空间意识

婴儿观察物体的形状，学步儿能够自然地将形状配对和分类，之后他们能说出物体形状的名称。婴儿和学步儿会先移动自己的身体和物体，继而理解简单的位置、方向和距离。学前儿童开始认识到图形的构成（如三角形有 3 条边和 3 个角），并会比较形状，慢慢地他们就可以掌握多种形状和空间概念，并用它们处理空间问题。

水平 0 幼儿追踪一个移动的物体。

解释 幼儿用眼睛追踪物或人。随着注意力的提升，他们能更好地辨别物体的轮廓，逐渐意识到不同形状的轮廓。

例子
- 12/6 克里斯汀坐在充气椅子上。吉米（照顾者）来回在教室穿梭，克里斯汀的眼神一直随着吉米移动。
- 6/12 在户外活动时间，马里奥坐在杰西卡（照顾者）的腿上，看着秋千荡来荡去。

水平 1 幼儿将物体塞进大小适宜的开口中。

解释 幼儿把一个物体塞进一个大小适宜的开口中。如果幼儿发现开口太小了，他会找一个开口更大的。

例子
- 3/16 在选择时间，玩具区，艾登将积木块放入形状盒里。
- 10/11 在户外活动时间，朱娜把橡皮球放进了网球桶里。

水平 2 幼儿移动自己或物体，回应简单的位置词或方向词。

解释 幼儿移动自己的身体或物体来表明他/她理解基础的空间词汇，如上面、下面、向上、向下、里面和外面等。

例子
- 4/16 在清理时间，照顾者告诉艾薇儿把球放到筐中，她照做了。
- 9/27 在选择时间，科迪在寻找苏（照顾者）。苏说："科迪，我在这儿，阁楼下面。"科迪走到阁楼处并且向下看，找到了苏。

水平 3	幼儿能识别并命名二维图形（如圆形、三角形、正方形、长方形）。
解释	幼儿能够说出基本的二维图形的名称；幼儿可以识别并命名教室里常见物体的形状。
例子	• 4/30 在工作时间，布拉登看着墙上的钟说："钟是圆形的。" • 3/19 在小组活动时间，艾希礼把三角形和长方形的贴纸贴在她的图上，并说出了三角形和长方形的名称。

水平 4	幼儿（组合或分解）重组图形，并能说出最终形状。
解释	幼儿组合或分解图形来构成新的图形，在需要的时候他们将形状排成一排或进行旋转，并说出最终构成的形状的名称。
例子	• 3/10 在小组活动时间，卢卡斯在玩磁力片。他把正方形分解成两个三角形，说："我变出了两个三角形。" • 11/2 在工作时间，沙桌，欧琳达把沙子填入两个正方形模子中，然后并排着倒出来，她说："看，我做了一个长方形。"

水平 5	幼儿描述是什么组成了形状（识别形状的属性）。
解释	幼儿描述形状的特性，如：三角形有 3 条边；长方形有 4 条边和 4 个角；正方形很像长方形，但是它的每条边都相等；圆形是圆的。
例子	• 10/7 在工作时间，玩具区，佩顿把一根橡皮筋绑在几何板上，说："我做了一个正方形，它有 4 条边。" • 2/16 在工作时间，玩具区，当艾丹玩几何板时，她将各种几何板拼在一起设计了一个马赛克，她指着一块空的地方说："我需要有 3 个角的图案，我需要一个三角形。"

水平 6	幼儿命名三维形状（立方体、圆柱体、圆锥体）。
解释	幼儿认识基本的三维形状，可能包括立方体、圆柱体或圆锥体。
例子	• 9/20 在区域时间，加登说："这些是积木，但也可以称之为立方体。" • 4/19 在艺术时间，帕尔马用管子制作雕像。她说："我需要用圆柱体来做脖子。"

水平7	**幼儿比较三维形状的异同。**
解释	幼儿识别三维形状的特性，并指出它们的相同或不同之处，如幼儿可以比较立方体和圆锥体的面的数量，或者指出它们的面是"平面"还是"斜面"。
例子	• 2/12 在分享时间，胡安坐在毯子上说："圆柱体的顶部和底部是圆的，但是立方体的顶部和底部是正方形。" • 3/5 在数学工作坊，凯恩玩几何体时说："这个圆锥体由4个三角形和一个正方形构成，这个盒子有4个长方形和2个正方形。"

U 测量

幼儿的测量动机源于其对比较事物的兴趣：谁的年龄更大？谁拼的轨道更长？婴儿每次只探索一个物体，当他们操作两个或两个以上的物体时，他们逐渐发现一些能对物体进行区分的可测量的属性（如"这个比较重"）。随着语言的发展，幼儿开始学习基本的测量术语，探究一些测量工具。在测量时，幼儿使用相同的测量单位，从同一起点出发，避免空隙和重叠等，逐渐学会正确测量。

水平 0	幼儿探索（注视、触摸、操作）具有测量属性（大小、重量）的一个或多个物体。
解释	幼儿在运用所有感官探索物体时，他慢慢意识到物体有些属性是可以测量的。由于幼儿还没掌握用来描述这些属性的词语，所以他只是简单地体验这些差异（如有的东西大，有的东西重）。
例子	• 6/17 那提马一手拿着一个装米的沙袋，一手拿着一个装棉絮的沙袋。 • 2/4 在户外活动时间，德芙上上下下打量着一棵大橡树。
水平 1	幼儿将容器填满。
解释	物体的大小是幼儿经常会关注的属性。他喜欢把物体装到各种不同尺寸的容器中。
例子	• 4/6 在选择时间，阿修往一个大木碗里装松果。 • 12/19 在户外活动时间，沙水区，泰森用杯子往桶里灌水。
水平 2	幼儿根据大小将 4 个及以上的物体堆起来。
解释	幼儿按照从大到小或从小到大的顺序将 4 个或更多物体套或堆起来。
例子	• 11/3 在选择时间，杰瑞将 4 个碗按照从小到大的顺序一个个套起来。 • 2/8 在选择时间，安丽娜将 4 块积木从大到小摞起来。

水平 3	幼儿使用测量术语。
解释	幼儿使用测量术语描述一个物体，但不和另外一个物体进行比较。这个术语只用于命名或识别一个具体的特征。在这个水平上，幼儿可能会用"大""更大""最大"这些词来描述某个物体很大，但没有和其他物体的大小进行比较。[注：幼儿在使用比较级如"更大""最大"等来描述某些物体时，你要判断他是否真的在进行比较。如果是，属于水平4；如果不是，属于水平3。]
例子	• 2/7 在户外活动时间，金海正坐着雪橇滑下坡，她说："我的雪橇最快。" • 10/7 在工作时间，积木区，艾拉说："看，我的谷仓真大。"
水平 4	幼儿使用词语"一样"以及比较级和最高级，根据物体可测量的属性直接对物体进行比较和排序。
解释	幼儿通过直观的比较来排序，并用词语"一样"或者比较级和最高级对物体进行描述。[注：幼儿使用比较级（如"更大"或者"最大"）来描述某物时，要判断他是否真的在比较。如果是，属于水平4；如果不是，属于水平3。]
例子	• 1/18 在小组活动时间，扎卡里在摆桩子，并和伊恩的进行比较，他说："我们的一样高！"他又加了几个柱子，说："我的更高了。" • 4/11 在工作时间，艺术区，雷吉纳剪了几段毛线，然后把毛线在桌子上依次摆放，说："红色的毛线最长。"
水平 5	幼儿遵循标准的测量程序。
解释	幼儿遵循标准的测量程序，即使用相同的单位测量，从基准线开始测量，测量时既不遗漏也不重复。
例子	• 2/26 在小组活动时间，卡拉用小方块测量线的长度。他从线的一端开始一个挨一个摆上小方块，最后他说："我的线有18个小方块那么长。" • 8/4 在工作时间，积木区，贾斯汀想看他的城堡有多高。他在城堡旁边摆桩子。他数着桩子说："我的城堡长15个桩子多一点点。"

水平 6	幼儿使用两种不同的单位进行测量并解释结果不同的原因。
解释	在此水平上，幼儿知道用两种不同的单位测量物体，虽然物体的大小不会发生改变，但是会出现两种不同的结果。如他能够预想对同一物体，用较小的单位（如回形针）测量所得的数要比用较长单位（如铅笔）测量出来的数大。
例子	• 6/2 在区域时间，莫伊拉把插片沿着笔记本排成一行。她数了数插片，说："有 10 个。"金姆老师问她还可以用什么来测量，她回答："蜡笔。"接着他用蜡笔测了笔记本的长度，说："因为蜡笔更长，所以就用了 4 根。" • 11/7 在户外活动时间，操场，杰西卡说："这堵墙有 34 块砖那么长。"她用跳绳来测量墙说："有 3 条多一点那么长，跳绳比砖头长。"
水平 7	幼儿独立用标准测量单位准确测量并说出其使用的测量单位。
解释	幼儿使用计量单位进行测量，并说出用于测量的单位类型（包括长度、重量和体积单位）。
例子	• 12/8 数学工作坊，萨拉往天平上放了几勺豆子，之后小心翼翼地添豆子。汤普森先生问她在做什么，她回答："我想再加几颗豆子就可以称出 500 克了。" • 2/22 在休息时间，塞西莉亚用尺来测量自己跳了多远。她在地上画了一条线，表示跳到了哪里，然后测量这条线，她说："我跳了 30 厘米。"

V 模式

幼儿开始意识到物体、动作、声音和事件中有模式的存在。他们通过自己的观察和成人的提示来感知模式。他们首先操作一个物体，逐渐将物体摆放成列，感知物体摆放的规律，如一些模式是重复的（红蓝红蓝红蓝），而另一些变化是可预测的（如随着年龄的增长，身高也会增加）。操作模式和关系是幼儿以后学习代数的基础。

水平 0	幼儿注视或操作一个物体，然后接着另一个。
解释	在这个水平上，幼儿一次只能操作一个物体（看或摸一个物体，然后再看或摸下一个物体，把一个物体从一只手传到另一只手），不能同时操作多个物体。当探索完一个物体后，可能会开始探索另一个物体。
例子	• 1/19 贾斯汀（照顾者）把拨浪鼓放在露西手上，她先看了拨浪鼓，然后回头看了看贾斯汀。 • 6/7 但丁捡起一个大的盖子。他在手上转着看这个盖子，然后放下这个盖子，又拿起了另一个盖子。
水平 1	幼儿收集 3 个或更多的物体。
解释	幼儿目前可以一次操作多个物体。他会把 3 个或更多的物体放在一起。尽管幼儿还没有开始探索物体间的关系，但是把物体放在一起观察，就为以后排序奠定了基础。
例子	• 2/17 在选择时间，阿曼多提起一个桶，放上一只杯子、一个玩具马和一个拉环。 • 9/16 在户外，奥古斯汀找到了一根小棒、一块石头和几片树叶，他把这些都堆在一起。
水平 2	幼儿将 3 个或更多的物体排成行。
解释	幼儿把物体随意地排成一行（不一定排成一条直线）。尽管这些物体没有特定的顺序，但是一个挨着一个放有助于幼儿发现物体的属性，发现其中的模式和关系。

| 例子 | • 2/6 在大组活动时间，安娜拿出篮子里的石头，把它们排成一行。
• 11/19 在选择时间，娃娃家，哈吉木把杯子放在桌子上排成一行。|
|---|---|
| 水平 3 | 幼儿可以识别、复制或扩展简单模式（如 ABABAB 或 AABBAABBAABB）。|
| 解释 | 幼儿能够了解简单的交替模式（如 ABABAB 或 AABBAABBAABB）。幼儿说出、复制或扩展一个模式（如红蓝红蓝红蓝），表现出对这个模式的认知。|
| 例子 | • 3/8 在工作时间，读写区，索菲亚看着枕头上的条纹说："看，它是按照黄绿黄绿排列的。"
• 9/28 在工作时间，玩具区，佳乐看着贝斯用桩子创造的模式。他递给贝斯一个红色的桩子说："下一个。"〔注：关于佳乐的逸事。〕|
| 水平 4 | 幼儿创造（非模仿）一个独特的、至少重复 3 次的简单模式。|
| 解释 | 幼儿创造一个至少重复 3 次的简单模式。这个模式可能是基于视觉的（如交替使用红蓝珠子），也可能是基于动作的（如交替拍鼻子和肩膀）。在这个水平上，模式必须是幼儿原创，不能是模仿的。|
| 例子 | • 12/9 在工作时间，艺术区，海登用红蓝红蓝红蓝模式把珠子穿起来，给妹妹做了一个手镯。
• 5/9 在大组活动时间，伊萨克想出了一个运动模式并进行了演示。他先摸头再拍肩，重复了 3 次。|
| 水平 5 | 幼儿创造（非模仿）独特的、至少重复 3 次的复杂模式（如 AABAABAAB 或 ABCABCABC）。|
| 解释 | 幼儿创造出一个至少重复 3 次的更复杂的模式（如 AABAABAAB 或 ABCABCABC）。这个模式可以是基于视觉的或是基于动作的，但它一定是原创而非复制的。|
| 例子 | • 7/18 在工作时间，艺术区，莉蒂亚用记号笔按红绿蓝红绿蓝红绿蓝的模式，给图片四周装饰了条纹。
• 8/12 在户外，胡安向另一名幼儿展示了他去滑梯处的有趣方式。他一路上单脚跳、单脚跳、双脚跳，有规律地蹦到了滑梯处。|

水平 6   幼儿独立地将一个模式转化成声音、符号、动作或物体。

解释   幼儿使用一种形式的模式（如视觉模式）创造另一种形式的模式（如声音模式）。如，幼儿可能会将"122122122"的数字模式转化成"低高高低高高低高高"的声音模式。这个模式必须重复 3 次或更多，且这个想法必须是幼儿原创的。

例子
- 10/12 在音乐活动时间，科尔看到墙上的 ABABAB 模式，用手鼓创造轻重轻重轻重的模式。
- 12/14 在数学工作坊，瑟琳娜看着白板上 AAABAAABAAAB 模式，将她的积木按照红红红蓝、红红红蓝、红红红蓝排列。

水平 7   幼儿解释递增模式或递减模式是怎么回事。

解释   递增模式或递减模式（代数）中存在一个事物增加而导致另一个事物增加或减少的数量关系（如：年龄增加会伴随着身高的增加；每舀一勺麦片到碗里，盒子里的麦片就会减少）。识别这些关系是幼儿今后理解代数的基础。

例子
- 4/1 在晨间问候时间，怀特老师从"小帮手"罐里抽出两根写有幼儿名字的小棒，贾斯汀说："每天'小帮手'罐里会少两个小朋友，而'得到帮助的人'罐里会多两个。接下来'小帮手'罐会被抽空，而'得到帮助的人'罐会满。"
- 3/31 在自由活动时间，狄龙一边给豚鼠喂食物一边说："洛克哈特老师，我们要买更多的食物。我们喂一次，罐子里的食物就少一点。"

W 数据分析

尽管幼儿不像成人一样系统地分析数据，但是他们享受这个收集和记录数量（数字）信息的过程。婴儿关注单个物体或事件。学步儿将事物进行归类，他们日后会学着对各类事物进行量化并加以比较。学前儿童开始运用简单的图表呈现这些信息，并理解数据的意义。他们逐渐开始问自己问题，并尝试通过收集数据和分析数据来解决问题。

水平 0	幼儿对一堆物体中的某一个物体表现出兴趣（如注视、触摸或摆弄物体）。
解释	幼儿会注意到一堆物体（比如一篮子小积木或一个有许多挂件的风铃）中的某一个。他可能会注视着那个他感兴趣的物体，伸手去拿或者触摸它，尝试抓住它等。
例子	• 11/21 卢卡斯躺在毯子上，他伸手去拿旁边一堆玩具里那枚闪亮的戒指。 • 1/15 艾利克斯躺在挂满小动物的风铃下，看着斑马晃来晃去。
水平 1	幼儿收集物体。
解释	幼儿把物体收集起来聚成一堆。他可能从随意摆放的物体中收集，也可能从一大堆物体里挑选某些物体堆成一小堆。[注：幼儿挑选的物体不需要具有相似性，也不需要具有关联性。]
例子	• 10/25 在选择时间，玩具区，哈维尔从放玩具车的盒子里选了几辆车放在旁边的地板上。 • 5/16 在自由活动时间，雷切尔一边绕着小地毯爬，一边捡起毛线球放到篮子里。
水平 2	幼儿将物体分成两组或更多组。
解释	幼儿将收集的物体至少分为两组。幼儿可能会将一类物体分为两组或更多组，也可能从一类物体中挑选一些放入他的那几堆物体中。[注：幼儿挑选的物体不需要具有相似性，也不需要具有关联性。]

| 例子 | • 2/19 在大组活动时间，水桌旁，爱丽收集了许多小鱼玩具。她把一些小鱼玩具放入自己的杯子中，而把另一些小鱼玩具放入了艾文的杯子中。
• 6/8 在户外活动时间，玛丽在地面上堆了 3 堆小石子。 |
|---|---|
| **水平 3** | **幼儿以具体的方式表示信息（数据）。** |
| 解释 | 幼儿利用具体的物体（如一个玩具、一块积木）来组织简单的信息，表明该信息属于哪一组或者哪一类别。 |
| 例子 | • 5/16 出发去实地考察前，约翰逊老师让斯科特老师班的所有幼儿站在蓝色地毯上，让自己班的所有幼儿站在红色地毯上，这样大家就可以按自己所在的组来上车。安娜丽向红色地毯走去（因为她是约翰逊老师那组的）。
• 2/7 在回顾时间，德威把一个泰迪熊玩具计数器放到了积木区标志下，表示他刚才在积木区活动。 |
| **水平 4** | **幼儿用抽象的方式表示信息（数据）。** |
| 解释 | 幼儿以间接的方式（如画个符号或写上自己的名字）将简单的信息记录在表或图上。 |
| 例子 | • 12/4 在餐点时间里，乔西在图上的金鱼上做标记，表示他喜欢金鱼饼干。
• 6/19 在回顾时间，佐伊在《回顾表》中的艺术区、娃娃家和水桌这 3 栏里写下字母"Z"，表示她今天玩耍过的区域。 |
| **水平 5** | **幼儿解读表中的信息（数据）。** |
| 解释 | 幼儿理解表或图上的数据。如幼儿看着记数符号的多少，总结出喜欢苹果的幼儿多于喜欢梨的幼儿。 |
| 例子 | • 11/9 在工作时间结束时，托马斯看着 3 台电脑的签名表说："今天使用第二台电脑的人多。"
• 6/19 在回顾时间，凯文数了数回顾表中佐伊写 Z 的数量说："佐伊今天去了 3 个区。" |

水平6		**幼儿应用表中的信息（数据）。**
解释		在能够解读记录在表或图上的信息后，幼儿使用这些信息来回答问题或解决问题。如：幼儿看到《最喜欢的水果》图上苹果的标记多于梨的标记的时候，他会总结出应该从农贸市场上多买些苹果的结论。
例子		• 2/2 在晨间信息时间，杰克逊在统计完同学们最想学习的热带雨林动物后说："很多小朋友选了美洲虎，但没选貘。或许因为他们不知道貘是什么，所以没有选。" • 3/9 在区域时间，艾利克斯看着柱状图说："喜欢巧克力味的小朋友比喜欢香草味的多。我觉得我生日时应该带一些巧克力纸杯蛋糕。"
水平7		**幼儿提出感兴趣的问题，收集并解读信息（数据）以得出答案。**
解释		幼儿能识别要回答自己感兴趣的问题所需的数据（可计算的）。在这个水平中，幼儿不能只提出问题，还必须要收集并解读信息。
例子		• 1/18 在晨间问候时，达斯汀问有多少个小朋友是乘坐公共汽车上学回家的，玛丽说很多。达斯汀说他要计算所有排队坐公交车的小朋友和所有排队步行的小朋友。放学时，他这样做了，并且告诉奥尔布赖特女士："有18个坐公交车上下学，只有4个走路上下学，坐公交车的更多。" • 12/6 在午餐时间，加斯明好奇有多少小朋友吃学校的午餐，有多少是自己带午餐。当安丽丝夫人问她打算如何寻找答案时，她说："我可以做一张表。"在选择时间,她做了一张表并记录了所有幼儿的午餐情况。她很兴奋地向安丽丝夫人展示表，并说："几乎是一半一半，12个小朋友自己带午餐，11个小朋友吃学校的午餐。"

创造性艺术

创造性艺术包括视觉艺术、音乐、律动和假装游戏。对于处于语言刚开始发展阶段的幼儿，创造性艺术给他们提供了另一种表达自己的方式。在人生最初几年，艺术就是探究，应该更加关注过程而不是作品或表现。婴儿喜欢艺术带来的感觉。学步儿对艺术材料、声音和身体的控制增强。入园后，幼儿开始形成心理表象，并用各种艺术形式表达自己的感觉和想法。再大一点后，他们在表达自己想法和欣赏各类艺术方面的能力就更强了。

X 视觉艺术

幼儿使用二维和三维的材料画画、涂色、雕刻、建构及组装。婴儿感受美术带来的感官体验。学步儿使用视觉艺术材料和工具，探索造型、色彩和质地。他们逐渐从无意识的创造发展到有意识的创造，丰富作品的细节，提高复杂性。再大一点之后，他们就开始尝试用视觉艺术元素创造具体的艺术效果。

水平 0 幼儿探索不同手感和色彩的材料。

解释 幼儿探索材料的视觉特征和手感。幼儿关注的视觉特征包括鲜艳的色彩、醒目的图案以及光影。幼儿把物体放进嘴里或用皮肤来感受物体。

例子
- 3/28 蕾拉躺在毯子上，用手在柔滑的毯子边上摸来摸去。
- 10/3 在户外，利亚姆踩枯树叶。

水平 1 幼儿探索视觉艺术材料。

解释 幼儿开始探索用视觉艺术材料能做什么。刚开始幼儿用手去涂颜料，把纸弄皱，敲石头或者其他建构材料，用手戳或挤压橡皮泥。

例子
- 2/12 在集体活动时间，怀亚特满手都是颜料。
- 9/30 在选择时间，当特丽尼蒂看到玛丽贝斯老师把手戳进橡皮泥里时，他也这样做了。

水平 2 幼儿用视觉艺术材料建构、做标记、制作模型或者挤压。

解释 幼儿能更加灵活地使用视觉艺术材料，如幼儿可能会建一座小塔，用蜡笔进行涂色，或者把橡皮泥压扁。幼儿对做成什么并不是特别感兴趣，而是特别在意观察自己探索的效果。在这一过程中，幼儿提高了对材料的掌控能力。

例子
- 4/15 在选择时间，科尔在自己四周堆起了积木。
- 10/6 在集体活动时间，阿曼达在桌子上使劲压一块橡皮泥，从桌子上揭下来后又揉成一团，又压扁它。

水平 3	幼儿使用视觉艺术材料做出意想不到的作品,并且能说出它像什么。
解释	幼儿偶然地做出(创造)某个物体,结果发现它特别像自己熟悉的物体,如幼儿可能会把橡皮泥搓成一个长条,并且说它看起来像一条蛇。[注:如果幼儿有计划地做一件特定的东西,那么他应该处于水平 4。]
例子	• 9/23 在工作时间,积木区,阿朗索把几块积木竖起来,然后看着积木说:"它们看起来像树。" • 3/2 在工作时间,艺术区,米多里一遍一遍地画圆。她看着自己的画说:"看!我做了鸡米花。"
水平 4	幼儿创造有一些细节的简单表征。
解释	幼儿有计划地制作一个物体。如:幼儿画人时,用一个圆圈表示头,从圆圈向外画上一些线表示胳膊和腿,用两个点代表眼睛,用线表示嘴。[注:如果幼儿在探索材料之后才发现做出来的东西像一个特定的物体,那他还是处于水平 3。]
例子	• 12/14 在工作时间,艺术区,朗尼用记号笔画了一棵树。这棵树是这样画的:一条直线,线的顶端是圆圈,圆圈里有很多红点。 • 10/6 在工作时间,玩具区,阿妮卡说:"我要做个飞机。"她把几块乐高积木拼在一起,然后拿着它在房间里面玩。
水平 5	幼儿创造有很多细节的复杂表征。
解释	幼儿的表征包含很多的细节。如果幼儿要画一个人,他会画头部,还有身体(包括胳膊、手、腿、脚、眼睛、嘴、牙齿和头发,还有发夹)。他画的家庭成员可能包括高矮胖瘦各种不同的样子,并且各自的特征明显。他画的消防车有车轮、水管子、梯子、窗户,还有小斧子。
例子	• 3/7 在小组活动时间,保罗用蜡笔给妈妈画了一张画像。他画了头、躯干、胳膊和腿;在脸上画了一张嘴、两只耳朵、一个鼻子,还有头发。接着,他在两只耳朵上面画了耳环,在眼睛上画了睫毛,并且在头发上画了黑色的发夹。他说:"就和凯丽戴的一样。" • 6/13 在工作时间,艺术区,艾拉用瓶子做了一个娃娃。她用纸巾做裙子并且用笔在上面画点。她用袜子做娃娃的脸,还添加了毛绒头发并编成了马尾辫。她粘上小棒当娃娃的胳膊,还在其中一只手上画了手链。

水平 6	幼儿注意到艺术特征（如色彩、线条和质地）是如何与人的感觉和想法联系的。
解释	幼儿表述艺术家是如何使用艺术元素来表现情感和想法，以此来表现他对视觉艺术的鉴赏能力。如幼儿可能会说鲜艳的色彩表示强烈的情感，拥挤的画面看起来很忙碌，表面光滑的雕塑给人安全和温和的感觉。
例子	• 1/13 当听小伙伴读《菲菲生气了》这本书时，延森说："你看，她在树上的时候看上去好小，她看起来好孤单。" • 2/17 放学的时候，瑞安谈论教室墙上张贴的海报："有好多深蓝色，这让我联想到暴风雨。"
水平 7	幼儿解释如何用某个艺术元素创造相应的艺术效果，表达自己感情和想法。
解释	幼儿使用某个艺术元素（如色彩、线条、质地、比例或透视画法），并解释是如何达到特定的视觉效果，表达特定的想法或感情。
例子	• 9/6 在艺术区，迦勒分别用浓密和稀疏的刷子画了一些草，他说："我用浓密的刷子画深绿色，用稀疏的刷子画浅绿色，它们是同一片草地的不同地方。" • 10/10 在日记时间，杰西卡用彩色铅笔画画，她在纸中间画了一群小朋友，把一个小女孩画在了角落。她说："我把人画得很小很远，因为我觉得孤独。其他小朋友说他们不想在休息时间和我一起玩。"

Y | 音乐

幼儿倾听自己的声音、唱歌和演奏简单的乐器，体验声音（或音乐）。幼儿和音乐是天生的伴侣。新生儿愉快地扭动身体或者渐渐进入睡眠，这是他对音乐的回应。学步儿会跟着音乐节奏咿呀学语并且重复歌曲的片段。长大后他们会在假装游戏中刻意改变自己的声音，并有一个自己熟悉的歌曲库。稍大点后他们会学习更复杂的歌曲，熟悉更多的乐器。

水平 0　幼儿在听到声音或音乐时保持安静或者警觉。

解释　幼儿听到舒缓的声音时会变得安静，或听到有意思的声音时会变得清醒，如当幼儿听到自己信任的成人唱催眠曲时会停止哭泣，听到音乐时会安静下来。

例子
- 11/3 约翰尼躺在毯子上，当安娜贝尔（照顾者）打开音乐时，约翰尼转过头看着她。
- 4/18 当布鲁斯的照顾者玛丽琳抱起布鲁斯并哼唱他的名字时，他停止了哭泣并放松下来。

水平 1　幼儿通过语言或是用相应的身体动作来对他人的歌唱做出回应。

解释　当别人在唱歌的时候，幼儿通过发出不同大小和高低的声音，或做一些跳舞的动作作为对他人歌声的回应。[注：与咿呀学语不同的是，这个水平幼儿发出来的声音要有旋律且连贯。]

例子
- 8/12 在午睡时间，当安德烈的照顾者唱催眠曲时，他也咿呀地附和着。
- 4/22 在集体活动时间，当大家唱《汽车轮子转啊转》时，米娅做出了开车的动作。

水平 2　幼儿用一个单词或手势表示自己想要听某首歌。

解释　幼儿发现歌曲和说话的声音或者别的声音不同。幼儿可能说歌名或歌词中的某一个词，或做一个与歌曲相关的动作，表示他想要那首歌。

| 例子 | • 8/12 在集体活动时间，拉娜先弯腰然后直起腰，暗示她想要大家唱《黄鼠狼跑了》这首歌。
• 3/3 在户外活动时间，当照顾者开始唱《小小蜘蛛》时，布莱尔笑着说："唱蜘蛛。" |
|---|---|
| 水平3 | 当演唱歌曲的不同部分时，幼儿会调节自己的声音。 |
| 解释 | 在演唱歌曲的某一个部分的时候，幼儿会调整自己的音高（高音或低音）、音量（大声或小声）或别的声音特性，如幼儿在唱歌时可能会用低沉的声音表示怪兽或者用吱吱的声音表示老鼠。 |
| 例子 | • 9/8 在大组活动时间，来西亚用小婴儿的声音唱《黏黏糊糊的泡泡糖》。
• 7/25 在大组活动时间，安托万用很大的声音唱《小小蜘蛛》和《下雨啦》两首歌。 |
| 水平4 | 幼儿用3种或更多的方式探索简单的乐器。 |
| 解释 | 幼儿尝试各种不同的方法使乐器发出不一样的声音，如击打、摩擦、摇晃乐器。 |
| 例子 | • 5/7 在大组活动时间，詹森先后摇铃鼓、用手拍铃鼓、用手指敲铃鼓。
• 10/19 在工作时间，音乐区，凯瑟琳探索锯琴。她用木片在锯背上上下移动，用手轻拍锯琴。 |
| 水平5 | 幼儿可以唱出一首简单、熟悉的歌曲中的所有歌词。 |
| 解释 | 幼儿唱出一首简单而且熟悉的歌曲中的副歌（重复部分）和主歌部分，如，他唱出"老麦克唐纳有个农场，咿呀咿呀哟"，也能唱出主歌部分有各种动物名称的歌词。 |
| 例子 | • 10/6 在工作时间，积木区，泰森用椅子做了一辆公交车以后，他唱出了《汽车轮子转啊转》这首歌里的所有歌词，包括司机、喇叭和宝宝的歌词部分。
• 8/4 在户外活动时间，萨凡纳和艾利森荡秋千时唱出了《三只小鸭子出去玩》这首歌的所有歌词。[注：关于萨凡纳和艾利森的逸事。] |

水平 6	幼儿能唱出一首复杂歌曲的全部或大部分副歌和不重复的主歌。
解释	幼儿唱出一首复杂歌曲的主歌和副歌部分,包括各种音高(有 10 个或者更多音符),还有不重复的主歌部分,如《不可思议的巨龙帕夫》和《有一个老婆婆吞了一只苍蝇》等歌曲。
例子	• 4/14 在圆圈时间,旺达也和小朋友们一起唱《不可思议的巨龙帕夫》,她能够唱出包含主歌和副歌部分的所有歌词。 • 3/16 在音乐课中,加布唱了《笑翠鸟》这首歌的前两段主歌和副歌部分。
水平 7	幼儿能分辨乐器的声音,并说出乐器的名称。
解释	幼儿能够分辨乐器的声音并知道乐器的名称。要在这一水平得分,幼儿不仅仅要熟悉节奏乐器和打击乐器,如鼓、木琴、钢琴等,也应该了解其他乐器,如小提琴、小号、长笛等的声音和名称。
例子	• 12/3 在音乐课时,希瑟在听进行曲。当听到小号的声音时,她立刻说:"我听到了小号。" • 5/6 在圆圈时间,当幼儿在等待音乐播放时,克莱拉说:"我希望音乐里有长笛,因为它听起来像汽车鸣笛声,我喜欢这个声音。"然后,她假装吹长笛,并发出响亮、尖锐的声音。

Z | 律动

不管有没有音乐相伴，幼儿都会移动整个身体或身体部位。婴儿一直在活动。学步儿的身体动作变得更加多样化，喜欢学习简单动作的名称并做出动作回应音乐。学前儿童探索不同类型的律动并把律动与音乐结合起来，稍大点儿后，他们就能进行一组律动和舞蹈了。

水平 0	幼儿平躺时能转动头、挥动手臂或踢腿。
解释	幼儿通过转动头或活动四肢来回应某个人的声音，或是表现出对某个物体、事件的兴趣。
例子	• 5/19 黄在床上平躺着，当照顾者对他说话时，他开始踢腿。 • 8/7 当别的幼儿经过摇椅的时候，汉娜把头转了过来。
水平 1	幼儿随着音乐站立或跳动。
解释	幼儿随着音乐跳动或摇摆，此时他/她可能还需要扶着某个东西来保持平衡。
例子	• 10/16 在集体活动时间，马泽扶着桌子随着音乐跳动。 • 4/28 在集体活动时间，当集体里别的成员（照顾者和学步儿）唱《划船曲》时，塞缪尔站起来，随着音乐跳动。
水平 2	幼儿积极地跟着音乐移动。
解释	幼儿可能会扭动身体，前后、上下摆胳膊，踏步或跺脚。
例子	• 6/14 在集体活动时间，马泰奥随着华尔兹转圈圈。 • 12/9 在集体活动时间，伊马尼跟着音乐又是跺脚又是挥舞胳膊。
水平 3	幼儿能说出一个动作的名字并且做出来。
解释	幼儿做出一个动作，并用一个词描述这个动作。这个水平中的简单的动作词汇包括走、齐步走、踢、跑和单脚跳等。要在这一水平得分，幼儿要么先做动作再说名字，要么先说名字再做动作。

例子	• 1/15 在大组活动时间，迪伦说："我知道，让我们一起做这个动作。"他为大家展示了齐步走的动作。（他的老师）问他这是什么动作，他说："齐步走。" • 10/16 在户外活动时间，悉尼说："看我跳！"她跳了一遍又一遍。
水平 4	**幼儿至少能保持 8 个节拍。**
解释	幼儿能识别并跟着稳定节拍移动，这个稳定节拍可能来源于某段音乐，也可能是幼儿自己或他人发起的。
例子	• 11/21 在工作时间，木工区，达妮卡用锤子把钉子钉进木板，她以一个稳定的节拍敲打钉子 10 多次。 • 3/7 在大组活动时间，当《流浪猫》的音乐响起的时候，蒂米在歌曲的第一段一直跟着音乐节奏拍膝盖。
水平 5	**幼儿描述自己的动作是如何与音乐的某个特征相联系的。**
解释	幼儿用动作表达他听到的乐曲的性质，如幼儿可能会说："我要慢慢跳，因为播放的音乐是慢慢的。"
例子	• 7/8 在大组活动时间，伊莱踮起脚尖说："这是幽灵音乐，我要蹑手蹑脚地走。" • 2/27 在大组活动时间，当音乐声音变大、节奏变快时，玛尔塔和爱娃不断地上下跳动。玛尔塔说："这个部分激动人心。"［注：关于玛尔塔的逸事。］
水平 6	**幼儿自编一段舞蹈或一系列律动（包括至少 4 个不同的动作）并按顺序重复。**
解释	幼儿自编一系列（至少包括 4 个不同的）动作，并按照顺序重复这一系列动作。幼儿可能会移动身体的任一部分（包括头、手臂、手、腿或脚），也可能会变换位置。

例子	• 5/5 在休息时，詹妮和爱莎发明了一个拍手游戏，这个游戏有 8 个不同的拍手和跺脚动作，她们一起一遍一遍地做着。[注：关于詹妮和爱莎的逸事。]
	• 6/8 在体育课最后的自由活动时间，迈克尔编了一个舞蹈，他先左右扭屁股，再前后踏步，然后转圈圈，最后跳起来拍手。他向维克展示如何按照顺序重复做这些动作。[注：关于迈克尔的逸事。]
水平 7	幼儿学习某个简单舞蹈的舞步并且按稳定的节拍表现出来。
解释	幼儿学会一个简单的舞蹈（如民族舞蹈），并保持稳定的节拍。根据舞蹈的不同，幼儿可以跳独舞、团体舞（如排排舞或圆圈舞）或双人舞。[注：会玩 Hokey-Pokey1 的幼儿应属于水平 2 或 3，可视情况而定。]
例子	• 4/8 在体育课上，幼儿一起排练传统舞。卡特跟着音乐节拍调整自己的舞步，向左 4 步，向右 4 步，然后转身，最后重复上述动作。她能够跟上音乐的拍子。
	• 5/19 在音乐课上，奥利维亚随着音乐跳民族舞。她边听音乐，边跳相应的舞步，直到歌曲结束。

---

① Hokey-Pokey 是英语国家儿童一边听儿歌一边做动作的集体游戏活动，歌词一般包括：伸出你的右手，收回你的右手；伸出你的左手，收回你的左手；等等。——译者注

AA 假装游戏

假装游戏涉及模仿和想象。婴儿观察并模仿周围的人、动物和物体的动作及声音。学步儿逐渐会用一个物体假装代替另一个物体。幼儿阶段开始进行角色表演,一开始是在他人身边独自游戏,逐渐发展到和他人一起游戏。他们的假装游戏也变得更富有想象力,并开始出现道具、多个角色及多种场景。他们将熟悉的故事戏剧化,同时也能自己创编故事。

水平 0 幼儿观察并聆听他人说话。

解释 幼儿观察并聆听周围环境中的成人以及其他幼儿说话,观察他们说话的时候胳膊、腿、脸和声音等是什么样的。

例子
- 4/16 吉安娜躺在游戏毯上,当她听见迈克尔哭时她转过头看他。
- 8/15 在户外,塔里克坐在克里斯廷(照顾者)腿上,看着一些学步儿上山下山来回跑。

水平 1 幼儿模仿一个动物、物体或人的动作。

解释 幼儿模仿熟悉的人或事物的动作或面部表情,如他可能会学狗爬、学狗叫,哄娃娃入睡,或伸展胳膊表演开飞机。

例子
- 4/11 在选择时间,赞恩抱着洋娃娃,让它靠在自己肩膀上,并轻轻拍它后背。
- 10/25 罗兹(照顾者)在给卡迪换尿布,她笑,卡迪也笑,她伸舌头,卡迪也伸舌头。

水平 2 幼儿用一个物体代表另一个物体。

解释 在这一水平,幼儿对物体有足够的经验,他可以发现不相关的物体之间的相似性,如一块积木大致像一部手机。因此当幼儿把积木放在耳朵旁时,他可能在假装打电话。

例子
- 5/15 在选择时间,卡珊德拉把海绵放在碗里并且假装用勺子给洋娃娃喂饭。
- 11/20 在选择时间,亚历克斯把一个盆放在头上说:"好玩的帽子!"

水平 3	幼儿用语言和动作来扮演某个角色或人物。
解释	在游戏过程中，幼儿假扮一个角色或表演某个物体，如：幼儿可能通过递给另一个人狗绳并要求带出去遛弯来表演一只狗；或者幼儿可能会假装狗是真实存在的，并用狗的声音来讲话。[注：要在这一水平得分，幼儿不能只是模仿某个动作（这属于水平1），如：幼儿在表演狗时，仅仅四肢着地学狗叫；在表演飞机时，仅仅伸出自己的胳膊；在表演婴儿时，仅仅只是爬行。要在水平3得分，上述例子中的幼儿：在表演狗时能够做出狗服从命令时的坐下或者翻滚的动作；表演飞机的时候会假装飞机在空中盘旋和降落；表演婴儿时会哭着找妈妈并且用奶瓶喝奶。]
例子	• 12/2 在工作时间，娃娃家，谢尔登说："我的宝宝不高兴了，她要换尿布了。"然后假装给婴儿换尿布。 • 1/19 在工作时间，玩具区，阿里在玩恐龙。他举着霸王龙走向沙桌，用低沉的声音说："我饿了，我要吃东西。"他假装霸王龙吃沙子。
水平 4	幼儿参与重复的假装游戏剧情。
解释	在这个水平，幼儿在假装游戏中感到很舒服，并一遍一遍地重复假装游戏的情节。这一水平典型的游戏情节就是照顾哭闹或生病的娃娃，或者救火。
例子	• 6/1 在户外活动时间，贾斯汀和玛利亚扮演怪兽，正在追别的幼儿。如果谁被抓到了，就被他俩带到攀爬架下的妖怪洞里，而且他俩说话时声音低沉。这一个星期的户外时间他们都在玩扮演怪兽的游戏。[注：关于贾斯汀和玛利亚的逸事。] • 12/18 在工作时间，娃娃家，卡尔森办了一场生日聚会。他用橡皮泥做了蛋糕，用报纸包裹玩具，并且邀请别的幼儿来参加聚会和他一起唱《生日歌》。他一连几个星期都在玩这个生日聚会游戏。
水平 5	幼儿与两名或更多幼儿一起玩假装游戏，并能跳出游戏情境给予其他幼儿指导。
解释	假装游戏中包含多个角色并有一条不断发展的故事线索。在这一水平，幼儿与两名或更多的幼儿一起游戏，并能够跳出剧情来分配角色，商议谁该做什么或接下来会发生什么。

例子	- 5/28 在工作时间，娃娃家，米凯拉、亚历克斯和布伦达假装在喂宝宝。米凯拉说："我演抱着宝宝来串门的阿姨，你们扮演我的姐妹怎么样？"亚历克斯和布伦达都同意了。于是，米凯拉抱起宝宝离开了娃娃家，然后敲了敲书架一边，说："嗨，姐妹们，想看看我的小宝贝吗？"[注：关于米凯拉的逸事。]
- 7/16 在工作时间，积木区，布兰得利、罗伯特和约瑟玩动物游戏。他们发出咆哮声，并且用动物的声音说话。布兰得利说："现在，你的狮子得抓住我的熊。"约瑟说："而且他还要吃了熊。"然后，约瑟假装他的狮子正在吃熊。罗伯特说："等等，如果我的大象能够救你怎么样？"于是，他假装用大象踩狮子，然后布兰得利说："啊！熊，回到你的围栏里！"最后约瑟带着他的狮子回到笼子里。[注：关于布兰得利、罗伯特和约瑟的逸事。]
水平6	幼儿创造包含5个或更多细节的道具或服装来支持并拓展假装游戏。
解释	幼儿通过创造一个包含至少5个特征的道具或服装来拓展假装游戏。制作道具可能比假装游戏本身更重要。[注：用积木造一艘船，再加上食物、毯子以及教室里别的东西，不属于此水平。]
例子	- 4/18 在自由活动时间，米伊莱亚说她想表演一名潜水员。于是，她从可回收垃圾桶里找来两个牛奶盒，把它们绑在一起，并用丝带做了几个横条。她把两个奶盒背在背上，向木工区走去。她在那找到了一副安全眼镜作为游泳面罩，并用胶带粘上一根吸管用来呼吸。接着，她又在脚上绑了一些纸，作为潜水用的蹼。
- 2/21 在选择时间，利亚姆做了一个捕蝇器。他用纸包住一个麦片盒子，在上面画了一个屏幕、一个电源开关和一个捕获按钮。之后他在捕蝇器上贴了管子，说："你可以在屏幕里看到哪里有虫子，当按下捕获按钮时，天线就会指向虫子并且抓住它们。"

水平 7	幼儿以集体形式表演熟悉的故事、神话或寓言，在编剧过程中加入自己的想法。
解释	幼儿集体表演曾经读过或听过的熟悉的故事。对于如何表演，幼儿会分享自己的想法，如谁表演什么角色，怎么演，使用什么布景和道具，以及如何润色或修改故事。幼儿可能表演其中一个角色，也可能是协助别人表演。
例子	• 5/16 在读者剧场，塞巴斯汀扮演故事《三只小猪》中的第三只小猪。他用积木搭起一面墙作为砖房，他说："这些积木看起来很像砖。虽然他们是木头做的，但是它们很坚固。"然后他帮着另外两只小猪找建房子的材料，他建议第一只小猪用吸管做稻草屋，第二只小猪用纸做木屋。当狼来到他家时，塞巴斯汀用自己想的台词，变换音调对狼说："哦，不，狼，你不能这么做。只有别人邀请你时你才能过来做客，但我没有邀请你。" • 4/22 在语言工作坊中，学完《伊索寓言》后，老师提议在小组活动时挑选一则寓言进行表演。艾米莉亚和凯林选择表演《蚂蚁和蚂蚱》。艾米莉亚表演蚂蚁，凯林表演蚂蚱。她们参考故事情节练习了表演时要说的台词。在区域活动时，她们用积木当作蚂蚁的食物，用头巾来代表蚂蚁和蚂蚱，为同伴表演了这个寓言故事。[注：艾米莉亚和凯林的逸事。]

科学和技术

  对于幼儿而言，科学就是运用各种感官去观察和感知世界的过程。幼儿尝试理解周围自然和物质世界的现象、运作方式和本质，这会促进他们批判性思维的发展。通过科学学习，幼儿提高了观察能力、实验能力、预测能力、得出结论的能力和分享自己发现的能力。幼儿使用各种各样的工具，包括适宜的技术来探索世界。

BB 观察与分类

成为一名小科学家需要有良好的观察能力。婴儿和学步儿会运用他们所有的感官去观察。长大后，幼儿开始对物体进行分类，如大与小、喧闹与寂静、光滑与粗糙，等等。他们能够发现人、物、事的异同。随着时间的推移，他们分类时所依据的属性或特性会更加多元化。

水平 0	**幼儿使用多种感官探索物体。**
解释	幼儿运用一种或多种感官观察其所处的环境。他/她对各种影像、声音、气味、味道和材质都很感兴趣。
例子	• 1/15 在选择时间，娜奥米把奶瓶刷从她放宝贝的篮子里拿了出来。 • 6/25 在选择时间，兰德尔用一个柔软的球摩擦脸部。
水平 1	**幼儿用一个声音或手势来命名物体。**
解释	幼儿将声音与物体对应起来，如"ba-ba"（bottle）代表瓶子，"bo-bo"（brother）代表哥哥，这表明他们知道物体是有名字的。
例子	• 10/18 在午睡时，夏安拿着她的毯子说："bee-bee。" • 3/20 在选择时间，看着挂在头顶上网袋里的玩具，埃尔文发出哞哞声。克里斯特尔（照顾者）问道："你想要小牛玩具吗？"他点着头，重复发出哞哞声。
水平 2	**幼儿用同一个词命名多个物体。**
解释	幼儿用一个词（或手势）代表一组类似的物体，如用狗来表示所有4条腿的动物。
例子	• 4/18 在餐点时间，肖恩拿着一杯牛奶，喝了一口并说道："嗯，是果汁！" • 9/4 在户外活动时间，艾玛看到操场上的松鼠，说："猫咪！"
水平 3	**幼儿将物体分类或配对，并识别物体的异同。**
解释	幼儿将物体分类或配对，指出事物之间的异同。幼儿会用"一样""不一样"等词语，或类似"这些堆在一起"或"那个不属于这堆"的语言。在这一水平中，幼儿还不能解释分类的原因或分类所依据的属性特征。

例子	• 2/6 在清理时间，库恩收恐龙玩具时发现有块积木在恐龙盒子里，她拿出了积木，说："它不该放在这里！" • 9/28 在工作时间，娃娃家，乔安娜把红色杯子放在红盘子上，把蓝色杯子放在蓝盘子上。
水平 4	幼儿根据物体的一个特性（属性）进行分类并解释分类的依据。
解释	幼儿基于某个共同属性将物体分类（如尺寸、色彩、质地或声音），并能解释它们的相同之处。幼儿进行分类时偶尔会出现错误，或幼儿分出的某一子群的某种属性与另一子群的某种属性重叠（如"珠子"和"大珠子"）。
例子	• 6/19 在小组活动时间，亨利拿出一篮子的贝壳并根据大小分类。当贝丝老师递给他另一个贝壳时，他说："这个和小贝壳放在一起，只有大贝壳才能放在这。" • 4/3 在工作时间，玩具区，卡里把所有的小狗玩具放一堆，所有的小猫玩具放一堆。她说："我要把它们分开，小猫在这边，小狗去那边，因为它们有时候会打架。"
水平 5	幼儿根据物体的两个特性进行分类并解释分类依据。
解释	幼儿基于物体的两个特性进行分类，并能解释分类依据，如幼儿可能会把有 4 个孔的、闪闪发亮的纽扣分为一组，并解释自己正在做什么。[注：将完全相同的物体放在一起属于水平 3。]
例子	• 8/18 去公园的时候，查尔斯收集了很多石头。他向撒克逊老师展示石头，说："我在找所有又小又光滑的石头。我真的很喜欢它们。" • 10/6 在工作时间，玩具区，闪卡说："我想要所有能飞的黄色恐龙，它们将会是我的小鸟。"她挑出了所有长翅膀的黄色恐龙。
水平 6	幼儿专注地、反复地观察某些事物并详细描述其发现的细节。
解释	幼儿专注地学习和了解一个物体或者一件事，然后描述其观察到的东西。想要在这一水平得分，幼儿必须在描述时包含多个细节，如：幼儿可能会指出土壤有多种颜色，里面有大大小小的石头，有潮湿的气味，还有昆虫在爬，太阳照着的地方比照不着的地方热。

例子	- 10/3 在课间休息时,伊思拉从地上捡起一片叶子,研究这片叶子并说:"这是枫叶,因为枫叶有5个角,就像是曲棍球队的队服。我最喜欢枫叶,因为它们的颜色会发生变化。看,这一片之前是绿色的,现在有红色和黄色。" - 12/4 在区域时间,内奥米用放大镜观察玻璃器皿中的昆虫,并和书里的昆虫图片进行比较。她说:"我认为它是一只甲虫。"然后,内奥米用橡皮泥做了一只有壳、有触角、有眼睛的甲虫,并用牙签划出长痕,当作甲虫腿部。
水平7	幼儿将某一类分为多个集合,再划分子集,并能够描述每个子集的特性、子集之间的关系以及子集与集合之间的关系。
解释	幼儿能够根据事物的多种特性进行分类,将物或事分成集和子集,并详细描述子集之间的差异、每个子集与集合之间的关系、子集之间的联系,如幼儿可能把生物划分为植物和动物,再把动物划分为宠物、农场动物和野生动物,并解释猪既可以是宠物,也可以是农场动物。
例子	- 6/7 在区域时间,泰勒在用图描述城市与农村关系。他说城市和农村的人都需要家,所以在城市那边画了一座公寓,在农村那边画了一栋房子。他说:"城里有一些人房子也是一栋栋的。"他还在城市里画了道路,在农村里画了树。他告诉斯万女士说:"很多地方都有街道和树木,但农村的植物更多。"泰勒在城市和农村都画了汽车和行人来表现交通状况。稍后,他又在城市那边画了一辆公共汽车和一列火车。 - 3/19 在晨间工作时,艾瑞克制作了一张维恩图来比较健康食品和不健康食品。在"健康食品"中,他画了一个鸡蛋、一份沙拉和一个苹果。在"不健康食品"的这边,他画了冰淇淋和糖果。"看,这是苹果味的糖,但是这不利于健康,因为它是糖。"他把意大利面画在了中间,并说:"这对身体有好处,但是吃太多也不好。"

CC 实验、预测和得出结论

> 婴儿做事情很随意。慢慢地，他们的行为更具有目的性，通过行动来达到想要的结果。学步儿通过探索材料来发现他们能做什么。幼儿会提出疑问并且检验他们的想法，对可能发生的现象做出预测，然后检验其预测结果。渐渐地，他们能够基于逻辑简单地解释观察到或没有观察到的现象。

水平 0 幼儿做了一个自发的动作。

解释 幼儿无意识地做一个动作，如伸或者挥胳膊时无意打中了某个物体（如枕头或运动的物体）。虽然这个动作是无目的的，但是幼儿可以看到或听到事件的结果。

例子
- 5/1 布莱克在毯子上躺着，他挥动胳膊时打到了自己的头。
- 12/7 当珍妮弗坐在 U 形枕上时，她伸手扯自己耳朵,把自己扯哭了还扯。

水平 1 幼儿向一个物体施加一个动作。

解释 在这一水平，幼儿探索物体的动作越来越多样，如晃动、投掷、推、滚、压等。

例子
- 8/16 在选择时间，亚斯米娜用勺子敲积木。
- 4/6 在选择时间，凯乐普晃动一盒软木塞。

水平 2 幼儿用试误法来探索材料或验证想法。

解释 幼儿用不同的方法探索材料，观察会发生什么。这种尝试是随意的，而不是体系化的，如幼儿往水车上倒不等量的水，注意到有时车轮转得快一些。

例子
- 2/17 在工作时间，扎克拿了两个沙漏，其中一个沙漏里的沙子更多一些。他把两个沙漏都倒过来，并摇晃那个沙子更多的沙漏，想让沙子漏得更快一些。
- 9/6 在工作时间，在艺术区，迪亚向一个杯子倒入红色和白色颜料，用刷子搅拌。然后，她又加入了更多的红色颜料，混合后看新调出的颜色。最后她又添加了蓝色颜料。

水平 3	幼儿描述物体或情境的变化。
解释	发现变化要求幼儿注意事情的发生顺序，这也是理解因果关系的前提。[注：要达到这一水平，幼儿需要描述发生的变化，无法描述变化的属于水平2。]
例子	• 11/22 在早餐时间，利西说："我没有昨天那么冷了。我今天穿了厚衬衫。" • 4/11 在工作时间，艺术区，南希向红色颜料里加入了白色颜料说："看，它变成粉色了！"
水平 4	幼儿随意地做出口头预测。
解释	幼儿说出他认为会发生的事情。幼儿的口头预测是自发的，不是对一个问题的回答。
例子	• 5/14 在工作时间，积木区，科德尔在玩斜坡和小车。他说："我认为红色的车跑得最快。我喜欢红色！" • 2/7 萨拉看到信息板上没有她朋友珍妮的名字，说："我打赌珍妮会在吃饭时间来。"
水平 5	幼儿解释说明实验结果。
解释	在观察或检验一个想法后，幼儿对观察结果做出解释和说明。这个解释是基于幼儿的推理，也许并不一定正确。
例子	• 11/9 在小组活动时间，正在混合颜料的乔丹说："我想调出浅橙色。"她把红色颜料和黄色颜料混合在一起。过了一会儿，她说："红色放得太多了，我还要再加点黄色。" • 3/5 在工作时间，玩具区，宾说想让自己的小车跑得超级快。他站在台阶上，把轨道举得特别高，然后让小车从轨道顶端往下跑。小车掉出了轨道，他说："这样不行！轨道太高了。"
水平 6	幼儿将从原来的经验得出的结论应用于一个新的情境。
解释	在新情境中，幼儿能够基于已有经验预测结果或者解决问题。如果幼儿观察到车子从较陡的斜坡滑下去会更快，那么他可能会把装有球的管子垫高，让球在里面滚得更快。

例子	• 2/21 在区域时间,凯特琳把几滴油滴进水里并说道:"油不溶于水!就像瓶子不会溶于水一样。这就是为什么摇晃它们,它们也不会融合在一起的原因。" • 4/30 实验用到水桶和各种物体时,艾伦预测海绵会浮在水面上,他说:"这些就跟我在浴缸里玩的海绵一样,它们会浮起来。"
水平 7	**幼儿提出问题,并通过系统的检验得出可能的答案。**
解释	幼儿提出问题,做出预测或陈述假设,寻找答案,通过系统记录和(或)验证的方式进行实验。如幼儿可能想知道教室哪个地方有利于植物的生长,于是他们就在教室的不同地方播下种子并每天观察记录,两周后得出结论,即窗台附近的幼苗生长得最好。
例子	• 1/23 莉在读一本关于鸟的科普书,她想知道鸟是不是只吃虫子、种子和野果子。"我敢打赌如果我们放一些面包屑,小鸟也会吃。你觉得是它们吃的面包多,还是吃的种子多?"莉问。于是,这周每天早上莉和同伴都把种子和面包屑放在教室的窗台上,放学后观察小鸟吃了多少种子和多少面包屑。 • 5/31 在晨间分享信息时间,贾勒特想知道雨什么时候停。当其他同伴表达了自己的想法后,贾勒特说:"看看天空,我觉得今天雨不会停了,而且雨会连续下一周。"贾勒特觉得他们应该"记录天气状况"。于是大家制作了两周的天气记录表,整个班级开始收集更多关于天气的信息。

DD 自然和物质世界

婴儿在自然和物质世界中自然地了解自然和物质世界。他们感知微风，注视从玻璃透进来的阳光，体验被轻轻摇晃的感觉……学步儿开始学习动植物的名称并很乐意照顾它们。幼儿会谈论野生动物以及它们的栖息地。他们关注材料的变化并想知道原因，了解人类的行为如何影响环境并学习保护环境的方法。

水平 0		**幼儿感知自然并做出回应。**
	解释	幼儿感知自然并对某物做出回应，如幼儿可能将头转向鸟叫的方向。
	例子	• 5/13 托比坐在婴儿车里散步，当阳光照到他脸上时，他把头转了过去。 • 2/24 在户外活动时间，梅洛迪的手指滑过草地。
水平 1		**幼儿捡起、检验或操作某种天然的物体或材料。**
	解释	幼儿对自然界中的事物如昆虫、叶子、石头等感兴趣。他可能会捡起或者握住引起自己兴趣的物体。
	例子	• 6/23 在户外活动时间，安杰洛发现有只蚂蚁在人行横道上爬。他俯下身子想去摸摸它，但是犹豫了一下，抬头看了看卡拉（照顾者）。 • 11/17 在户外活动时间，乔西在操场草木繁茂之处捡了一根棍子。
水平 2		**幼儿给自然和物质世界中某个物体或事件命名。**
	解释	幼儿说出自然界或物质世界中的某物或者某事，如幼儿知道花、虫、石头、泥巴、雨或者太阳这些词汇。
	例子	• 5/24 在户外活动时间，普雷斯顿抬头看着天空，指着月亮说："月亮。" • 10/6 在选择时间，泰勒看着窗外的雪说："雪，冷。"
水平 3		**幼儿谈论或主动采取一个对动植物有利的行为。**
	解释	幼儿有保护并促进动植物生长的想法，典型行动包括喂养宠物、给植物浇水、不踩昆虫等。幼儿有可能谈论这些事，也有可能表现出这些行为。 [注：如果幼儿在班里负责这样的事，如喂养班级宠物等，那么就不属于此水平。]

例子	• 11/21 在问候时间,当艾文在看教室里的宠物书时,说:"我想去喂鱼。" • 7/11 在户外活动时间,沙金娜注意到花盆里的土干了,提着水桶舀了一些水去浇花。
水平 4	幼儿谈论不同动植物生活和生长的地方。
解释	幼儿能识别动植物生活和生长的地方。如幼儿说鸟窝在灌木丛里,虫子生活在泥土里。[注:幼儿说法不需要完全正确。如幼儿可能会说:"虫子生活在石头里,当你把石头翻过来时,它会从石头下面爬出来。"]
例子	• 4/24 在工作时间,图书区,雅文和凯尔在看一本关于鲨鱼的书。雅文说:"鲨鱼不生活在湖泊里,他们生活在咸的水里。" • 6/12 在户外活动时间,莱克和艾比在寻找昆虫。莱克说:"我们不要挖石头,要挖黑色的土。"
水平 5	幼儿可以发现材料或环境的变化,并解释可能的原因。
解释	幼儿观察到自然环境中的变化,并说出一个可能的原因。如他注意到今天室外没有昨天冷,那是因为今天出了太阳。
例子	• 2/15 准备去户外活动时,麦迪逊说:"我们不用穿滑雪裤了,因为雨已经把雪融化了。" • 6/25 工作时间过后,柯莱特建议把湿毛巾晾到外面的围栏上。在户外活动时,她跑过去看毛巾干没干,然后说:"它们干得很快,因为今天有风。"
水平 6	幼儿解释人类的行为是如何或为什么对环境造成危害的,并提出建议。
解释	幼儿描述人类的行为有时是如何伤害动植物的,并设计解决方案(说出人们可以做什么来预防或纠正)。如幼儿说:"我们现在在浪费纸。如果纸的两面都用的话,就能拯救森林。"
例子	• 10/8 在艺术课上,麦迪逊谈起其用来装颜料的酸奶盒。她说:"如果我们循环利用酸奶盒,它们就不会被丢进垃圾桶。当人们产生太多垃圾时,垃圾填埋场就太满了。" • 11/11 步行去博物馆时,罗根注意到地上有包装纸,他说:"人们不应该乱扔垃圾,这对土地还有动物都不好。他们可以把垃圾扔进垃圾桶里。"

水平 7	幼儿能发现并描述一个循环或系统。
解释	幼儿的科学知识不断增长，他开始学习一些关于自然循环和自然系统的基本事实。
例子	• 3/10 在科学工作坊，杰杰用橡皮泥创作了蝴蝶的一生，从卵到蝴蝶。他说："蝴蝶是这样诞生的。它从一个卵开始（指着卵），然后变成毛毛虫、蛹，最后变成蝴蝶，然后又产生更多的卵，这样一直循环下去。" • 6/4 在科学工作坊，谢默斯画了不同季节里树的样子。他说："这是夏天里树的样子，这是秋天、冬天和春天里树的样子。"［注：用到幼儿档案中的作品。］

EE 工具和技术

对于婴儿来说，工具是用来满足一切需要或想法的——磨牙环可以减轻疼痛，移动的物体可以满足观看的需要。学步儿将生活材料当作游戏中简单的工具。幼儿使用工具（如剪刀、订书器等）来实现自己的意图。慢慢地，他们会越来越多地将交互式信息技术（如软件、电子书和互联网等）作为补充。

水平 0	幼儿对物体做出回应（如把物体放到嘴里，尝试去够某个物体或转向、触摸物体）。
解释	幼儿会把工具放进嘴里，尝试去够或转向、触摸工具。在这一水平，工具的定义很广泛，包括满足幼儿饮食、安抚和刺激需要的任何物体。
例子	• 1/14 当琳达（照顾者）喂班尼时，班尼把嘴伸向奶瓶。 • 2/3 贝拉坐在婴儿车里，嘴里含着磨牙环。
水平 1	幼儿在游戏中探索某种工具。
解释	幼儿在游戏时探索一个简单的工具，如给碗盖上盖子，然后又取下来，或者用勺子敲瓶子。幼儿的尝试不一定成功（如盖子与碗可能不匹配，或者没有按工具本身的功能使用）。
例子	• 3/25 在集体活动时间，杰梅卡用小擀面杖捶打橡皮泥。 • 5/5 在选择时间，德文在沙桌玩搅拌器。
水平 2	幼儿探索技术设备。
解释	幼儿使用简单的、安全的、与年龄相适应的电子设备进行游戏。他的动作可能包括按按钮、用手指滑动屏幕、移动鼠标、戳或摇晃设备等。这个设备可能是好的，也可能是坏的（如一部坏了的手机）。
例子	• 10/5 在选择时间，娃娃家，爱丽点了点坏手机的屏幕，然后把它贴近自己的脸。 • 4/19 在选择时间，娃娃家，亚伦按了旧数码相机上的按钮。他摇了摇相机，听到相机中发出了咔咔声。

水平 3	幼儿使用工具来支持游戏。
解释	幼儿有目的地使用工具去实施游戏想法、制作东西或解决问题。在这一水平，幼儿用到的典型工具包括剪刀、胶带、订书机、手电筒、水桶或小货车。
例子	• 8/9 在户外活动时间，格特鲁德在帐篷里用手电筒看书。 • 12/15 在工作时间，娃娃家，马丁用订书机把所有的纸都订起来了。
水平 4	幼儿简单解释工具是如何工作的。
解释	幼儿用简单、具体的语言描述工具如何工作，如幼儿可能会描述工具的零部件（"这是锤子的手柄"）、使用方法（"你在这一端用力按订书机"）以及功能（"放大镜能使虫子看起来更大"）。
例子	• 7/15 在小组活动时间，纳撒尼尔演示了如何使用打孔机。他说："你要用力才能打出孔。" • 11/6 在工作时间，艺术区，肯德拉尝试用胶水将管子粘在纸上。当胶水不管用时，茉莉建议使用胶带，她说："胶带很棒，自己就能粘住，不用等着它干。"［注：关于茉莉的逸事。］
水平 5	幼儿简单解释如何做一项技术工作。
解释	幼儿用简单的方式描述如何做一项技术工作，如幼儿可能会描述如何解锁平板电脑（"像这样滑手指"），如果出现故障怎么做（"按这个按钮"），或点击鼠标有什么效果（"如果你点击这里，它会让星星变大"）。
例子	• 4/30 在工作时间，电脑区，当德莱尼的电脑死机的时候，嘉文说："有的时候，要是发生这种状况，你必须关掉它，等一分钟再重新开机。"［注：关于嘉文的逸事。］ • 6/19 在工作时间，娃娃家，瑞安拿起坏了的数码相机说："我妈妈有一台和这个很像的相机，如果你按'放大键'，图片就会很大。"

水平6	**幼儿解释工具和技术如何为日常生活服务。**
解释	幼儿意识到工具和技术能帮助人们完成某些事或解决某些问题。幼儿会描述器材、电子设备或交互式技术如何帮助人们达到目的（如"轮椅可以帮助双腿不便的人移动""按下智能手机上的地图按钮，就可以找到方向"）；也会比较不同工具和技术的效果（如"电钻比螺丝刀更快、更好用""这个程序能允许你在图片下面添加文字，另一个程序不能"）。
例子	• 12/12 在艺术时间，艾力用刷子给纸涂色。她说："我曾经用油漆滚筒给我的卧室刷颜色。油漆滚筒是用于给墙面和房屋刷漆的。" • 11/26 在写作工作坊，特里写了和住在科罗拉多州的祖母打视频电话的故事。他说："她住在很远的地方，我可以在电脑上看到她，也可以和她说话。"
水平7	**幼儿使用技术来查找其感兴趣的信息。**
解释	幼儿使用交互式技术（如计算机或平板电脑）来查找信息，这个问题可能是幼儿自己提出的，也可能是同伴、成人提出来的。在这一水平得分，幼儿必须把设备或技术作为一种学习工具，而不是简单地用来玩游戏。
例子	• 9/19 在计算机实验室，纳迪尔用电脑浏览国家地理网站（幼儿版），他想了解狐狸生活在哪里。 • 3/28 在区域活动时间，马克斯和菲利普在网站上搜索视频，学习更多有关食物链的知识。

社会学习

　　社会学习是指学习我们是谁，我们如何适应家庭、学校、社区等多样化的世界。和其他学习领域一样，幼儿对这个领域的认识是从具体向抽象发展的。幼儿从了解自己开始，了解自己在哪里生活，和谁生活在一起，以及每天都有哪些活动。通过接触周围的社会，幼儿会发现自己与其他人的相同和不同之处。他们试图将自己的探索范围从家庭拓展到陌生的地方。随着时间的推移，幼儿意识到了时间的流逝，他们不仅注意到"这里和现在"，而且开始意识到"那里和以后"。

FF 对自我和他人的认知

早在能够区分自己和他人之前，幼儿的自我认知就已经开始发展了。学步儿通过观察并模仿家人的行为来区分不同的人和他们做的事。幼儿探索学校、社区、城镇或城市。他们对来自不同家庭的人产生了好奇，想要知道他们之间的相同和不同之处。他们逐渐意识到要平等地对待每一个人并且要尊重他们的多样性。

水平 0　幼儿把自己的手指或脚放进嘴里。

解释　刚开始，幼儿的这种行为是偶然出现的。随着自我意识的发展，幼儿意识到自己的身体是独立于其他的人或事物的，他们将自己的某个手指、整个手甚至脚放进嘴里，而且对这些动作的控制能力越来越强。

例子
- 9/22 亚当睡觉的时候吸吮着大拇指。
- 10/30 加布里埃拉趴在那里，抬起头，把拳头放进了嘴里。

水平 1　幼儿表明或者说某个物体是自己的。

解释　幼儿用一个动作或者一个词（如"我的"）来表明这个物体是自己的。

例子
- 9/12 在选择时间，娃娃家，塔若想拿凯拉的购物袋，凯拉紧紧拽住购物袋并转身离开。
- 12/8 在游戏时间，艾迪想要拿走安东尼奥的毛绒狗，安东尼奥说："我的！"

水平 2　幼儿在镜子或照片里认识自己。

解释　学步儿的自我意识不断发展，知道自己是谁，能认出镜子或照片中的自己，并指着说出自己的名字。如果照镜子，幼儿可能会触摸自己的脸或身体，也可能会做出某个动作，看看镜子中会发生什么变化。[注：识别照片中的人物属于更早的水平，不属于此水平。]

例子
- 1/19 刚到幼儿园，波比指着她柜格里的照片说："波比！"
- 10/6 在选择时间，伊丽莎白看着镜子中的自己说："伊丽莎白！"

水平 3	幼儿扮演或者谈论家庭及社区中的人物。
解释	在进行假装游戏或讨论时,幼儿会扮演一个熟悉的角色(如爸爸、妈妈、警察、医生或老师),也会模仿他们做的事(如"医生给你开药,让你好起来""爸爸给我洗澡")。
例子	• 5/15 在工作时间,娃娃家,帕克说自己是兽医。他把听诊器放在毛绒小动物的心脏上听心跳。 • 10/8 在工作时间,娃娃家,杰西卡请凯老师扮演她的祖母。当凯问需要做一些什么的时候,杰西卡说:"妈妈离开以后,您需要让我们吃晚餐并且上床睡觉。"
水平 4	幼儿可以辨识出个人特征的相同点和不同点。
解释	幼儿注意到相同或不同的个人特征并做出评论。个人特征包括性别、年龄、身材、肤色、面部特征、眼睛颜色以及头发的颜色和质地等。
例子	• 7/19 在小组活动时间,奥利维亚指着坐在轮椅上的人说:"我叔叔也坐轮椅。我们都有两条腿,但是叔叔的腿不能走路了。" • 3/18 在户外活动时间,其他幼儿都被接走了,布特对另外一名幼儿说:"我爸爸比你爸爸胖,他真的很胖!"
水平 5	幼儿会对比自己家和别人家的特征。
解释	幼儿注意到并且评论自己家和别人家的相同点或不同点,这会涉及家庭的构成(人数、性别、年龄、关系)、种族、语言、文化、房子的类型(房车、公寓)、宗教、宠物、食物、服装、职业和节日。
例子	• 12/15 在工作时间,水桌旁,凯乐一边玩水一边说:"我过圣诞节,但蕾切尔过光明节。" • 8/1 在参观玛丽莎家的房子后,布雷迪说:"玛丽莎的奶奶住在她家,我奶奶住得很远很远。"
水平 6	幼儿表达对某一社会团体的归属感。
解释	幼儿认识到自己除了是家庭或学校的一部分,还是某一特定社会团体的一部分。社会团体可能根据地理位置(生活的镇、市、州)、工作地点、宗教信仰、文化、语言、种族、出生国家、俱乐部或组织机构等划分。

例子	• 6/1 在餐点时间，特伦顿说："我住在橡胶街。昨天橡胶街有一个聚会，是所有住在橡胶街的人的一个聚会。所有的小朋友和大人都带来了食物，街上没有车辆，我们在街上玩耍。" • 4/3 在工作时间，莉兹在日记中画了一个周围开满鲜花的教堂，说："我们在教堂周围开辟了一个花园。"
水平 7	幼儿认为个人有责任确保每个人都得到公平的对待和尊重。
解释	幼儿开始形成道德意识，把公平待人、尊重他人当成自己的责任。幼儿认识到每个人都应该受到公平的对待，无论他们的家庭背景和性格如何。在小组集体做决定时，他会提醒大家听听每个人的观点；在看到欺凌现象时，他会站出来劝解。
例子	• 4/3 在休息时间，克里斯从攀爬架上摔了下来，有的小朋友嘲笑他。杰斯跑过去扶起克里斯并问他怎么样了。杰斯对其他人说："克里斯刚刚滑了一下！"他问克里斯："我们一起去吃冰淇凌吧，你觉得怎么样？"［注：关于杰斯的逸事。］ • 3/9 在音乐课上，安娜贝拉有点沮丧，因为没轮上她玩鼓。这时候，莱克西说："这个（鼓）给你，我已经玩过一次了。"

GG | 地理

婴儿熟悉自己周围的环境。一旦可以移动,他们就迫不及待地寻找新地方。学步儿尝试确定自己和熟悉的人或物的位置关系,这会给他们带来安全感。幼儿每天都走相同的路线(如从家到幼儿园),他们感知事物的空间关系并在头脑中逐渐建构认知地图。慢慢地,他们开始学会用简单的地图描绘陌生的地点。

水平 0	**幼儿注视一个固定位置的物体。**
解释	因为还不能移动,幼儿只能看着视线范围内静止的物体(如家具、头顶上的灯)。这一方位确定后,幼儿开始能感受环境中其他物品之间的空间关系,这是以后理解地理的基础。
例子	• 8/15 在换尿布的时候,杰一直在看吊扇。 • 2/6 桑德拉躺在游戏垫上,眼睛盯着一个亮红色的球。
水平 1	**幼儿移动一个物体以够到另一个物体。**
解释	幼儿移动一个物体来够到另外一个被全部或者部分隐藏起来的物体。在这一水平,幼儿已经具备客体永久性,他知道物体不在视线范围内并不代表不存在。幼儿在头脑中已经形成了被藏起来的物体的图像。
例子	• 7/16 在选择时间,爱莎把玩具掉到后面的架子上,她绕到后面把玩具捡回来。 • 1/10 在玩百宝篮的时候,戴格看见了围巾下面的搅拌器的手柄。他把围巾拿开,然后拿出搅拌器。
水平 2	**幼儿能指出在当前环境中物体的摆放位置或某个事件发生的地点。**
解释	幼儿会把物体放在一个熟悉的位置,因为在他的记忆中这个物体就是放在这里的(如球在桶里)。同样地,幼儿会记得熟悉的、重复的活动是在哪里开展的,并且会在恰当的时间赶到那里(如在桌子旁边吃点心)。在这个水平,幼儿还不会使用符号或其他线索来确定物体或事件发生的位置,他们靠的是对周围环境的记忆。

例子	- 10/6 辛迪小姐说:"休息时间到了。"卢卡斯走到他床的位置并躺了下来。
- 2/3 一到幼儿园,麦迪逊径直走向玩具架并拿起架子上的蓝色长颈鹿。她总是喜欢随身携带它。
水平 3	幼儿借助符号收纳材料或辨别感兴趣区域的具体位置。
解释	幼儿借助符号(如区域标志和标签)来确定材料的位置。标志和标签可能包括照片或图纸。要在这一水平得分,幼儿必须实际到达心中所想的位置,而不是指一指大概方向。
例子	- 8/3 在工作时间,艺术区,卡梅伦用完磁带后把磁带放在架子上,他说:"它应该放在这儿。"
- 6/25 在计划时间,杰丽斯指着建构区卡片表示她计划去建构区玩。她离开桌子走到建构区,开始玩积木。
水平 4	幼儿读懂一份熟悉且简单的地图,如教室的地图。
解释	幼儿能理解一个熟悉的地方的简单地图,如教室的地图。幼儿可以在地图上指出他要去哪里玩,曾经去哪里玩过,某些特别的材料放在哪里,或者描述地图中画出来的地方发生了什么事。
例子	- 7/20 在工作时间,杰和克蒂姆发现教室地图掉到桌子上了。他们一边看地图一边说:"这是玩水区,这儿有蓝色的地毯,我们在这儿玩过小狗,那是浴室。"
- 5/19 在回顾时间,戴梅恩在教室地图中找到积木区,他在那里做了一个标记,表示自己在积木区做过宇宙飞船。
水平 5	幼儿知道如何在一个熟悉的建筑里找到位置。
解释	幼儿知道某个熟悉的建筑里各种房间或服务设施的位置,如幼儿知道如何从教室到体育馆或者如何在"家长之夜"带领家长找到家长活动室。
例子	- 10/6 一到幼儿园,麦克就拉着妈妈去图书馆还书。
- 6/1 在午餐时间,麦肯齐带老师去厨房拿面包,她说:"我知道它在哪儿,过了办公室就是。"

水平6	**幼儿描述熟悉的地标。**	
解释	幼儿谈论家或学校经常看到的地标,如"第一站要路过日托中心"。[注:要在这一水平得分,一定要涉及建筑物和位置。如幼儿说"我们去电影院吧"不属于这个水平,幼儿说"电影院在超市旁边"才可以。]	
例子	• 8/19 休息时,兰登说:"我奶奶住在一个很大的学校后面,那有一个游泳池。" • 12/4 在晨间问候时间,当老师说要去消防站参观的时候,科姆说:'你是说理发店旁边的那个吗?"	
水平7	**幼儿解读一个不熟悉的地方的地图。**	
解释	幼儿解读不熟悉的位置的地图(如幼儿没有去过的公园的地图)。幼儿能在地图上找到相对起点或某一位置,可以利用地图找到某物和某地。	
例子	• 11/2 在晨间信息时间,全班讨论去动物园的事情。蔡斯看着动物园的地图说:"看见狮子了吗?这就是狮子待的地方,所以我们必须这样走。"蔡斯接着指着停车场里的汽车标志,手指从停车场的位置沿着地图到达狮子待的地方。 • 4/6 在阅读工作坊中,安妮在阅读一个宝藏的故事。她指着书上的地图说:"小朋友们住在这里,但他们不知道宝藏离他们很近。"她指出了宝藏的位置。	

HH 历史

对幼儿来说，时间是非常私人的、具体的。他们关注事情的开始和结束，关心需要等多久期待的事情才会发生。渐渐地，幼儿的时间概念有所拓展。他们不仅仅专注现在，也开始思考之前发生了什么，随后会发生什么。慢慢地，幼儿能想到久远的过去和遥远的未来。

水平 0　幼儿自发行为。

解释　自发的行为不是自动的行为（如呼吸）或是反应（听见巨响会害怕）。这一水平的自发行为包括转头、伸手拿、抓住。通过参与时长不同的自发活动，幼儿开始感受时间间隔。

例子
- 10/16 米基躺在户外地毯上，把手放在眼前，手指松开又握紧，握紧又松开。
- 6/28 早上喝完奶后，玛雅一次又一次地踢腿。

水平 1　幼儿指出事件的结束。

解释　幼儿用语言或动作表示他完成了一件事，如幼儿可能会把盘子推开表示已经吃完了，或者会简单地说："全吃完了。"

例子
- 4/28 午餐后，米可把绿豆扔在了地上。他边推桌子边扭动身体，表示已经吃完了。
- 9/4 在小组活动时间，小朋友们坐在一起唱完一首歌，然后戴娜说了声"再见"就爬走了。她去玩她的百宝箱了。

水平 2　幼儿预测一个熟悉的惯例的下一步是什么。

解释　幼儿用语言或行动表明他知道接下来会发生什么，因为他对这一系列事件的顺序很熟悉，如洗漱后，幼儿可能坐到桌子边，表明他知道接下来该吃饭了。幼儿也可能会说接下来会发生什么，如吃完午饭后，幼儿可能说"午安"来表示要上床午睡了。

例子	• 12/7 从操场回来后,达米安直接到水池洗手,准备吃午饭。 • 3/30 餐点时间过后,邦尼去她的房间拿外套(因为接下来是户外活动时间)。
水平3	**幼儿使用"昨天""明天"这样的词来大致表示过去和将来的事情。**
解释	在描述过去和将来时,幼儿对时间词的使用还不够准确。在这一水平,幼儿对概念有一定的泛化,认为"昨天"是指过去发生的事或"明天"指将来发生的事情。如某幼儿的弟弟出生一年多后,他可能还会说:"昨天我有了一个弟弟。"
例子	• 9/16 一到幼儿园,雨果告诉艾伦夫人:"我马上4岁了!"(其实他刚满3岁) • 6/5 在户外活动时间玩沙时,蕾哈娜告诉丽萨(老师):"还记得昨天你来我家吗?"(其实老师在4月份去过一次,那是两个月前的一次家访)
水平4	**幼儿能够准确使用"昨天""明天"这样的时间词。**
解释	随着对时间的不断感知,幼儿逐渐能够在情境中准确使用"昨天""今天"这样的时间词,幼儿可能会说:"我的这本书是昨天在图书馆借的。"或说:"我明天不来,我要去看牙医。"
例子	• 7/18 在问候时间,扎卡里在阅读信息板。他说:"明天不用上学,后天也不用上学。" • 8/4 一到幼儿园,特尔就说:"昨天晚上,我和爸爸去我家仓库了。我带着钉子,爸爸带着木板。"
水平5	**幼儿分享发生在很久以前的关于自己或家庭的事。**
解释	幼儿讲述有关自己或家庭的事。要在这一水平记分,发生的事件应该是很久以前的,而不是刚发生的(如发生在周末或假期,而不是在当天上学的路上)。
例子	• 2/27 在工作时间,水桌上,蒙特尔说:"去年夏天,我叔叔和爸爸带我去钓鱼。我爸爸掉进湖里了,真是有趣。" • 4/8 在工作时间,玩具区,茜茜在玩火车和火车轨道。她说:"我奶奶在感恩节来看我了,我们去火车站接她。火车的声音可真大!"

水平 6		幼儿解读照片或图片，指出其代表的过去或将来。
解释		幼儿观察照片或图片，辨别其中描述的事情是发生在过去还是将来（从自然规律、文化角度或者社会方面都不属于当前这个时间段）。要在这一水平记分，照片或图片应该和幼儿没有关系。因此，幼儿认出照片里自己坐在婴儿车上不算数，要能够认出 20 世纪躺在婴儿车里的婴儿才可以。
例子	•	4/21 在博物馆参观时，塔妮莎评论在大厅里面的照片："这是很久以前的照片，因为这是黑白的，而且他们穿的衣服很有趣。"
	•	3/23 在区域活动时间，格雷戈看了一本关于机器人的书。他翻到机器人开校车的那一页，说："虽然机器人现在不能开车，但是将来有一天他们也许能开车。"
水平 7		幼儿创建（画出来或者写下来）时间表来描述个人事件的顺序。
解释		幼儿画或者写时间表来描绘个人事件的顺序，如幼儿可能会在时间表上标注出买房子、收拾旧房子、开车跟在搬家车的后面、打开纸箱、和邻居打招呼的顺序。
例子	•	3/24 在区域活动时间，哈米斯往他的时间表里添加他曾经做过的事。他拿出从家里带来的照片：婴儿时候的他，3 岁时候的他，上个月弟弟出生时候的他。他给这些照片分别贴上标签"宝宝""3 岁""哥哥"。
	•	5/26 在书写工作坊，琳赛写了她的故事："我是一个婴儿的时候，我一直哭。后来我学会了走路。现在我 6 岁了，已经开始上学了。"

英语语言学习（如果适用）

对于母语不是英语的幼儿，母语学得越好，就越容易掌握第二种语言。幼儿学习英语有几个阶段：倾听，模仿，尝试说，有自信地交流。在幼儿会说之前，他们就已经听得懂了。幼儿及其家人不仅是学习一种新的语言，他们还在学习接受新的文化。[注：本评价表中呈现的是学习水平，不是年龄水平。两岁以下的幼儿会同时很自然地学习两种语言，把英语作为第二语言来评价是不合适的，所以II和JJ都是从水平2开始评分的。]

11　英语听力与理解

幼儿积极关注新语言，但常常不出声。这段时间的沉默并不代表他们没有在学习，相反，他们忙着倾听周围的声音。通过幼儿的手势、模仿行为、对简单指示和提问的回应，我们可以判断幼儿的理解程度。有更多英语经验的幼儿可能会准备参加英语游戏或学习活动。即使他们还不能发言表达自己，但是他们能理解，能够提供相关的材料或者向他人提供帮助。

水平0　不适用。

水平1　不适用。

水平2　别人对幼儿说英语时，幼儿继续自己正在做的事情。

解释　在这一水平，幼儿对除了母语以外的其他语言不会有回应。即使有人跟他说话，他也会继续玩。幼儿不回应是因为不懂英语，而不是其他原因（如想继续做他的事情或者因为不高兴而不能冷静下来听）。

例子
- 3/16 当艾莉森（老师）对阿米尔说"该回教室了"时，阿米尔看了看她，然后继续骑三轮车。
- 4/1 在工作时间，建构区，杰森问尼尔是否喜欢玩卡车，尼尔看了看他，然后继续搭积木。[注：关于杰森的逸事。]

水平3　幼儿观察（看和听）其他人用英语交谈。

解释　幼儿展现出自己对听到周围环境中的英语的兴趣。当成人和其他幼儿在用英语交谈时，幼儿在旁边看着、听着。虽然幼儿目前还不能参与谈话，但他在倾听和吸收着新的语言。还有一种情况也属于这一水平，就是当幼儿听到英语对话中出现自己名字时会做出回应。

例子
- 7/16 在大组活动时间，全班一起唱歌曲《汽车轮子转啊转》，圣地亚哥微笑地看着大家。
- 10/2 一到幼儿园，特利萨（老师）就对贾法尔说："贾法尔，你好！"贾法尔转过头来，露出微笑。

第二部分 《学前儿童观察评价系统》（COR Advantage）评分指南

水平 4	幼儿根据环境中的线索来遵循一日常规。
解释	幼儿开始理解英语。他可能还不理解人们说的具体的词或短语，但可以从其他人那里知道应该做什么（如看见其他小朋友拿积木时他也过去拿；集体活动中，当其他小朋友跳舞时他也跳）。
例子	• 7/19 在整理时间，贾斯汀（老师）说到清理时间了。秀夫看见其他小朋友开始收拾积木，他也把积木放在架子上。 • 4/7 在小组活动结束后，艾丽建议跳着去他们的小格子那找外套，香织也跳着去那并开始穿外套。[注：关于香织的逸事。]
水平 5	幼儿可以独立回应简单的英语单词和短语，不需要视觉的提示。
解释	幼儿不再需要使用非语言的线索来理解和回应基本的或简单的英语单词和短语，如"穿上你的外套""你需要果汁还是牛奶"或者"到洗手的时间了"。
例子	• 11/2 在出门前，莫妮卡（老师）注意到塞尔吉奥在环顾教室。她说："塞尔吉奥，你的鞋在图书区。"塞尔吉奥点头并去图书区拿鞋。 • 12/16 午餐时，山姆（老师）问美珍是否还想要桃子，美珍摇摇头表示不需要。
水平 6	幼儿回应复杂的英语短语。
解释	在与他人交流时，幼儿可以回应更复杂的英语表述或问题，如"帮我把柜子底层的磁带拿过来"或"请大家先拍拍肩膀，然后拍拍膝盖"。
例子	• 5/14 在清理时间，当听到菲克太太说"请把你的日记和铅笔收起来"时，胡安妮塔把自己的书写材料收了起来。 • 3/25 在区域时间，布鲁斯对皮埃尔说："请拿着你的书来桌子这边。"皮埃尔听到后停下了正在做的事情，过去和布鲁斯一起工作。
水平 7	幼儿理解两人或者更多人的英语对话。
解释	幼儿能够更好地理解两个或更多的人之间的英语对话。幼儿可能会直接或间接地加入对话中，用英语或母语进行回应，以表示他听懂了谈话内容。
例子	• 10/18 在晨间信息时间，幼儿在讨论早餐吃了什么。当问到维拉妮卡时，她说："香蕉。" • 12/14 在音乐活动时，幼儿在学习弦乐。克劳迪奥加入了对话，他用母语说："我有一把吉他。"

JJ 英语口语

刚开始与老师和同伴交谈时，幼儿可能会试着用母语，但逐渐发现其他人好像并不理解自己所说的。这时，他们可能会停止说话，开始听别人说（参考条目"英语听力与理解"），或者通过模仿英语发音继续交流。幼儿第二语言的口语发展和单语类似，都会经历以下阶段：一言不发，会说一两个单词，说出一些标准而且常用的短语（如"我想要……"），用自己的话表达自己的观点。幼儿会运用英语的一般规律，但仍然会犯错误。最终，他们会像母语是英语的人一样，词汇量扩大并掌握语法。

水平 0　不适用。

水平 1　不适用。

水平 2　幼儿说除英语外的其他语言。

解释　在这个水平，幼儿不会说或不愿尝试说英语。幼儿要么不说话，要么只说母语。

例子
- 6/15 在集体活动时间，在其他幼儿唱"一闪一闪亮晶晶，满天都是小星星"时，法哈德很安静地玩着他的鞋带。
- 11/6 在工作时间，娃娃家，罗莎丽塔假装做蛋糕，并对米米说："蛋糕。"（西班牙语）米米耸了耸肩表示她不理解，罗莎丽塔继续做蛋糕。[注：关于罗莎丽塔的逸事。]

水平 3　幼儿用英语模仿或重复声音、词语和词组，吐字有时会不清楚。

解释　幼儿尝试用英语来模仿感兴趣的声音、词语和词组。幼儿的发音和用词可能不清楚，但是讲英语的人一般都能明白幼儿说的内容。

例子
- 6/15 在集体活动时间，幼儿在唱《老麦克唐纳的农场》，哈娜在唱"哞哞"时加入进来。
- 3/26 在计划时间，杰雅用手指了指美术区的标志。当米切尔夫人说"美术区"时，杰雅也重复说。

水平4		幼儿在没有他人帮助的情况下用常见的英语短语命名熟悉的物体或动作。
	解释	在没有他人的提示下，幼儿可以用英语说出一个常见物体（如书和杯子）、动作（如跑和跳）或简单的短语。也就是说，幼儿记住了那个单词，不需要在说前再听一遍。如果是一个简单的短语，那么表述应该是很短的（两个词），看起来就像是一个词一样（如 Bye-bye）。
	例子	• 7/8 在工作时间，建构区，萨哈纳捡起卡车说"卡车"，然后把卡车开到地毯上。 • 3/28 在工作时间，涅夫观察几个小朋友使用电脑后，说："该轮到我了。"
水平5		幼儿用英语说出包含动词的短语，可能会将英语单词和母语结合起来。
	解释	幼儿说出一个短的、基本的词组，至少包含一个动词和一个名词，可能会掺杂一两个母语词汇。如幼儿可能说"要果汁"或"要红球"。要在这一水平记分，幼儿必须表达出完整的想法，尽管可能语法上不够准确。
	例子	• 3/20 在区域活动时，幼儿正准备过渡，耶瑟一边指着邻桌一边问："我应该去那儿吗？" • 5/4 在选择时间，当另一名幼儿想要玩电脑时，弗勒说"还没完"，表示他还没有完成。
水平6		幼儿开始说完整的句子，其中可能包括不标准的短语。有些语法错误源于母语，或是这名幼儿经常出现的错误。
	解释	幼儿说出一个完整而独特的英语句子表达自己的想法，也就是说，幼儿说的句子不是经常听到的、重复率高的。幼儿说的话可能包括语法错误或体现母语的特点。
	例子	• 3/8 在午餐时间，昆说："Me like the recess time."（me 应为 I）（"我喜欢休息时间。"） • 6/20 在晨间信息时间，卡若琳娜问："We no have specials today?"（no 应为 don't）（"今天没有什么特别的消息吗？"）

水平 7	幼儿用英语说出语序正确、结构完整的句子。
解释	幼儿可以流畅地用英语说出完整的句子,用标准的英语词序(如把形容词放到名词前),常见的动词后缀(如 ed 和 ing)或是正确的主谓结构(如"I like"和"He likes")。幼儿可以自信地和那些母语是英语的小朋友或成人交谈。
例子	• 8/29 在书写工作坊,利诺讨论他正在画的人:"他的头发应该棕色,因为那是我的爸爸。" • 4/3 在休息时间,易卜拉欣说:"我能特别快地跑到门那边。"

第三部分
《学前儿童观察评价系统》（COR Advantage）配套材料

逸 事 手 册

幼儿姓名：_____

观察者姓名：_____

观察开始的日期／时间：_____

观察结束的日期／时间：_____

如何使用本手册

1. 本手册为捕捉幼儿逸事而设计，你可在观察幼儿时进行记录。你可以收集幼儿作品等，可以是实物，也可以是照片或者录像，用以展示幼儿在一日生活中的活动。这些证据用于帮助你记录幼儿的成长与发展，填写《学前儿童观察评价系统》(COR Advantage)。

2. 记录逸事时，假装自己是一位专业摄影师，只不过你是通过一些文字而不是照片来捕捉一个瞬间。在事件进行时，记录下幼儿姓名、日期和一些必要细节，如时间、地点、其他参与者（如果适宜的话），用关键词记录幼儿言行。

3. 思考《学前儿童观察评价系统》(COR Advantage)中哪一条最适合这则逸事，在相应的空格中记录下来。考虑该记录是否也可能适用于其他条目。如果是，请做一个标记。最后，确定一个水平。如果每则逸事都确定了发展水平，那么你可以准备填写幼儿个人的总结表和全班的总结表了。

4. 判断某则逸事属于哪一条目和水平需要一些练习。《评分指南》将会帮助你为每则逸事记录找到最为匹配的条目及发展水平——列有所有条目8个发展水平的解释和例子。

5. 在汇总逸事之余，你也可选择在日常生活或家长会上与幼儿的家人分享逸事（不包括水平）。

A 主动性和计划性	B 使用材料解决问题	C 反思

续表

D 情感	E 与成人建立关系	F 与其他幼儿建立关系

续表

G 集体	H 冲突解决	I 大肌肉运动技能

续表

J 小肌肉运动技能	K 自我照顾和健康行为	L 表达

续表

M 倾听与理解	N 语音意识	O 字母知识

续表

P 阅读	Q 图书知识与乐趣	R 书写

续表

S 数字和点数	T 几何：形状与空间意识	U 测量

续表

V 模式	W 数据分析	X 视觉艺术

续表

Y 音乐	Z 律动	AA 假装游戏

续表

BB 观察与分类	CC 实验、预测和得出结论	DD 自然和物质世界

续表

EE 工具和技术	FF 对自我和他人的认知	GG 地理

续表

HH 历史	II 英语听力与理解	JJ 英语口语

幼儿总结表

幼儿姓名：_____

性别：_____   出生日期：_____/_____/_____

☐ 英语为第二语言   入园时间：_____/_____/_____

教师：_____

班级：_____

幼儿评价情况说明

（如一些条目由于幼儿缺席没有观察到，或是评价开始得比较晚。需要时填写）

幼儿观察信息

观察者和记录者：_____

学期：_____

幼儿最初一轮的评价时间：_____/_____/_____ 至 _____/_____/_____

幼儿第二轮的评价时间：_____/_____/_____ 至 _____/_____/_____

幼儿第三轮的评价时间：_____/_____/_____ 至 _____/_____/_____

幼儿第四轮的评价时间：_____/_____/_____ 至 _____/_____/_____

幼儿发展概述

记录以下每个条目的最高水平。通过累加条目水平总和并除以总条目数，就可计算幼儿在每个领域的平均发展水平。例如，如果幼儿在创造性艺术领域分别标记为 3 级水平、2 级水平、4 级水平，一共标记了 3 次，那他发展的平均水平就是 3 级。

	时间 1	时间 2	时间 3	时间 4	
学习品质	___	___	___	___	A 主动性和计划性
	___	___	___	___	B 使用材料解决问题
	___	___	___	___	C 反思
	___	___	___	___	**领域均分**
社会性和情感发展	___	___	___	___	D 情感
	___	___	___	___	E 与成人建立关系
	___	___	___	___	F 与其他幼儿建立关系
	___	___	___	___	G 集体
	___	___	___	___	H 冲突解决
	___	___	___	___	**领域均分**
身体发展和健康	___	___	___	___	I 大肌肉运动技能
	___	___	___	___	J 小肌肉运动技能
	___	___	___	___	K 自我照顾和健康行为
	___	___	___	___	**领域均分**

	时间 1	时间 2	时间 3	时间 4	
语言、读写和交流	___	___	___	___	L 表达
	___	___	___	___	M 倾听与理解
	___	___	___	___	N 语音意识
	___	___	___	___	O 字母知识
	___	___	___	___	P 阅读
	___	___	___	___	Q 图书知识与乐趣
	___	___	___	___	R 书写
	___	___	___	___	**领域均分**
数学	___	___	___	___	S 数字和点数
	___	___	___	___	T 几何：形状与空间意识
	___	___	___	___	U 测量
	___	___	___	___	V 模式
	___	___	___	___	W 数据分析
	___	___	___	___	**领域均分**
创造性艺术	___	___	___	___	X 视觉艺术
	___	___	___	___	Y 音乐
	___	___	___	___	Z 律动
	___	___	___	___	AA 假装游戏
	___	___	___	___	**领域均分**
科学和技术	___	___	___	___	BB 观察与分类
	___	___	___	___	CC 实验、预测和得出结论
	___	___	___	___	DD 自然和物质世界
	___	___	___	___	EE 工具和技术
	___	___	___	___	**领域均分**

	时间1	时间2	时间3	时间4	
社会学习	___	___	___	___	FF 对自我和他人的认知
	___	___	___	___	GG 地理
	___	___	___	___	HH 历史
	___	___	___	___	**领域均分**
英语语言学习（如果适用）	___	___	___	___	II 英语听力与理解
	___	___	___	___	JJ 英语口语
	___	___	___	___	**领域均分**
	___	___	___	___	总计（条目得分总和除以总条目数，不计领域均分）

班级总结表

学习品质

	A				B				C			
	1	2	3	4	1	2	3	4	1	2	3	4
1												
2												
3												
4												
5												
6												
7												
8												
9												
10												
11												
12												
13												
14												
15												
16												
17												
18												
19												
20												
21												
22												
23												
24												
条目总计												
班级平均得分												

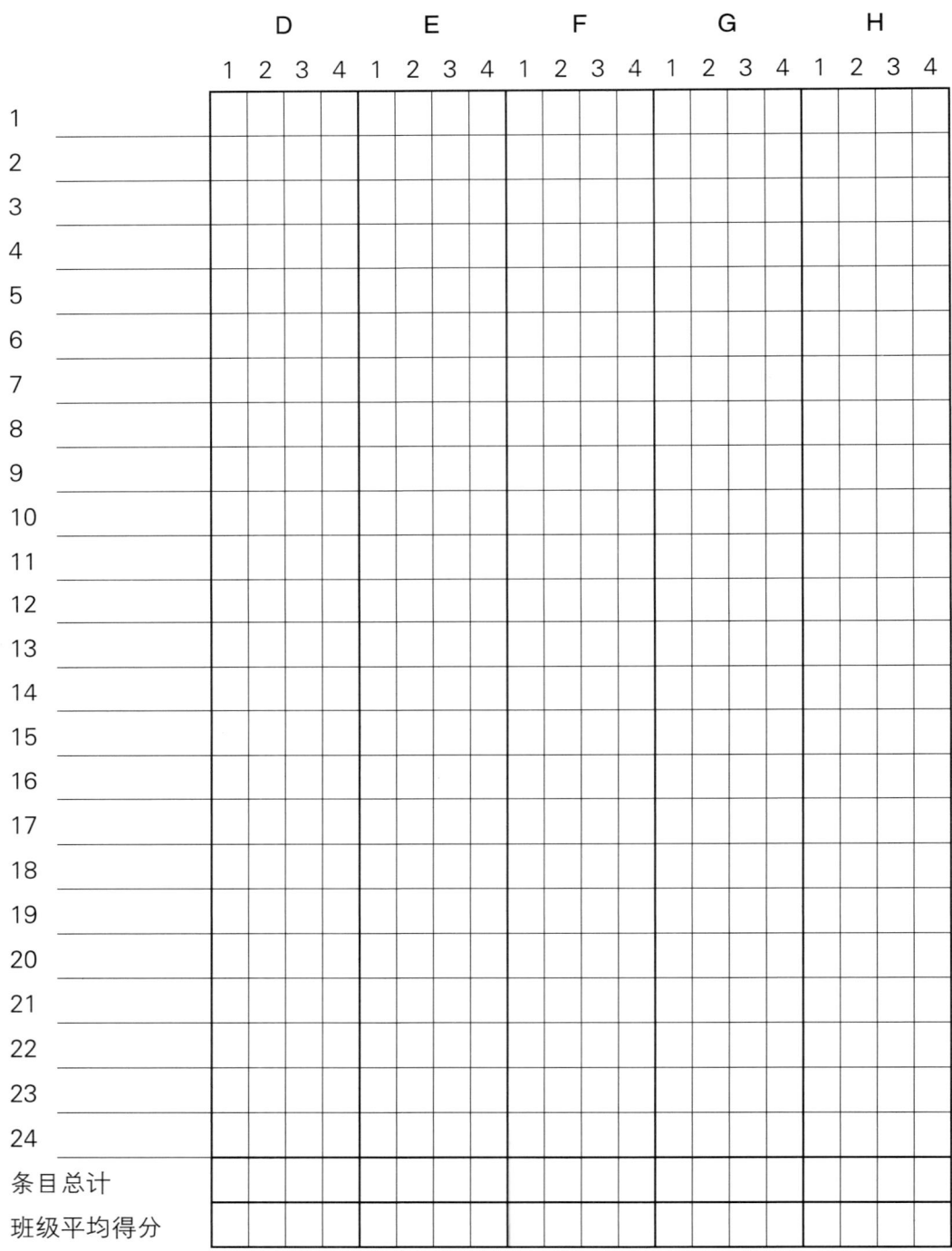

身体发展和健康

	I				J				K			
	1	2	3	4	1	2	3	4	1	2	3	4
1 _____												
2 _____												
3 _____												
4 _____												
5 _____												
6 _____												
7 _____												
8 _____												
9 _____												
10 _____												
11 _____												
12 _____												
13 _____												
14 _____												
15 _____												
16 _____												
17 _____												
18 _____												
19 _____												
20 _____												
21 _____												
22 _____												
23 _____												
24 _____												
条目总计												
班级平均得分												

语言、读写和交流

	L				M				N				O			
	1	2	3	4	1	2	3	4	1	2	3	4	1	2	3	4
1 _____																
2 _____																
3 _____																
4 _____																
5 _____																
6 _____																
7 _____																
8 _____																
9 _____																
10 _____																
11 _____																
12 _____																
13 _____																
14 _____																
15 _____																
16 _____																
17 _____																
18 _____																
19 _____																
20 _____																
21 _____																
22 _____																
23 _____																
24 _____																
条目总计																
班级平均得分																

语言、读写和交流

	P				Q				R			
	1	2	3	4	1	2	3	4	1	2	3	4
1												
2												
3												
4												
5												
6												
7												
8												
9												
10												
11												
12												
13												
14												
15												
16												
17												
18												
19												
20												
21												
22												
23												
24												
条目总计												
班级平均得分												

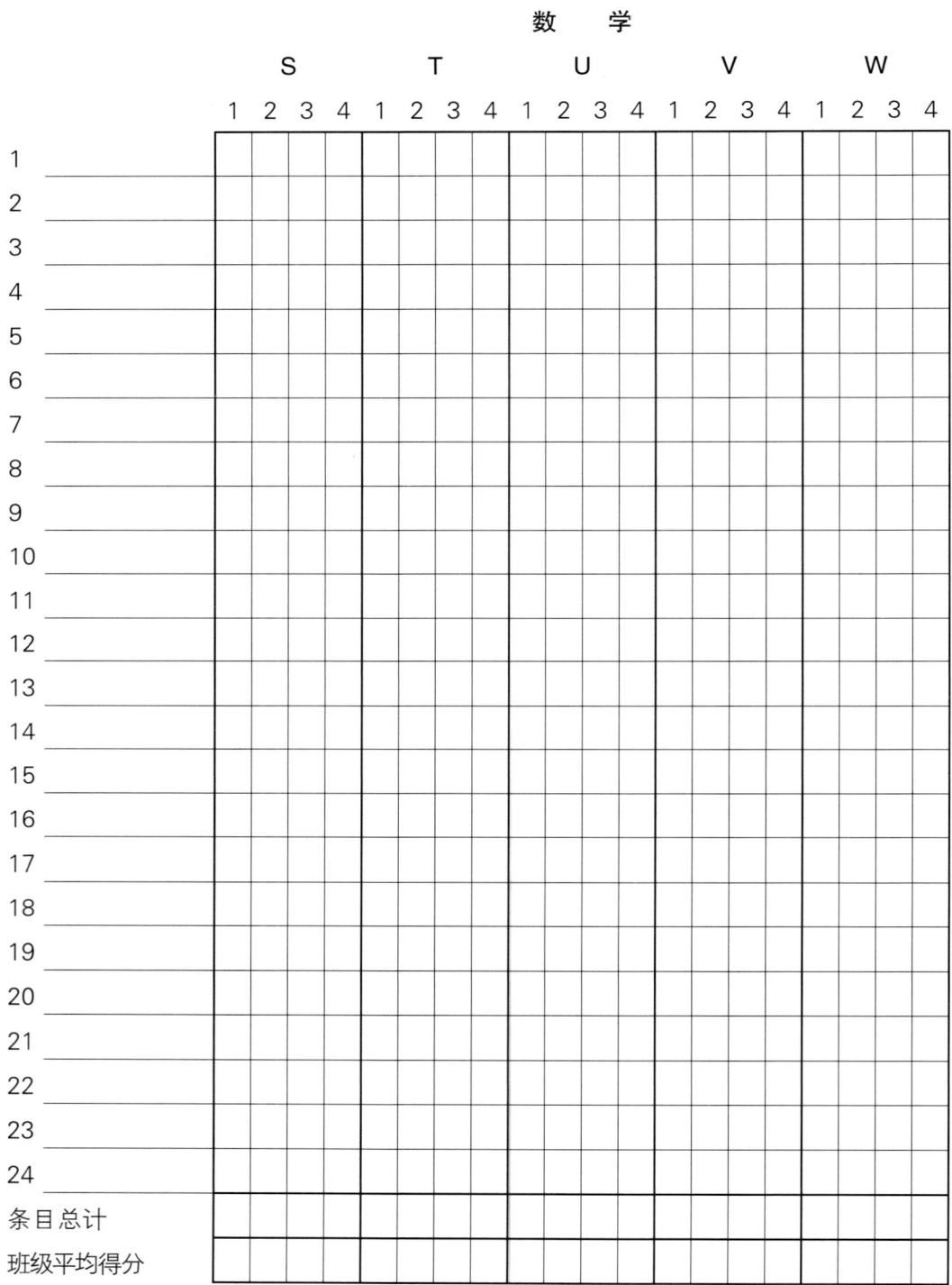

创造性艺术

	X				Y				Z				AA			
	1	2	3	4	1	2	3	4	1	2	3	4	1	2	3	4
1																
2																
3																
4																
5																
6																
7																
8																
9																
10																
11																
12																
13																
14																
15																
16																
17																
18																
19																
20																
21																
22																
23																
24																
条目总计																
班级平均得分																

科学和技术

	BB				CC				DD				EE			
	1	2	3	4	1	2	3	4	1	2	3	4	1	2	3	4
1																
2																
3																
4																
5																
6																
7																
8																
9																
10																
11																
12																
13																
14																
15																
16																
17																
18																
19																
20																
21																
22																
23																
24																
条目总计																
班级平均得分																

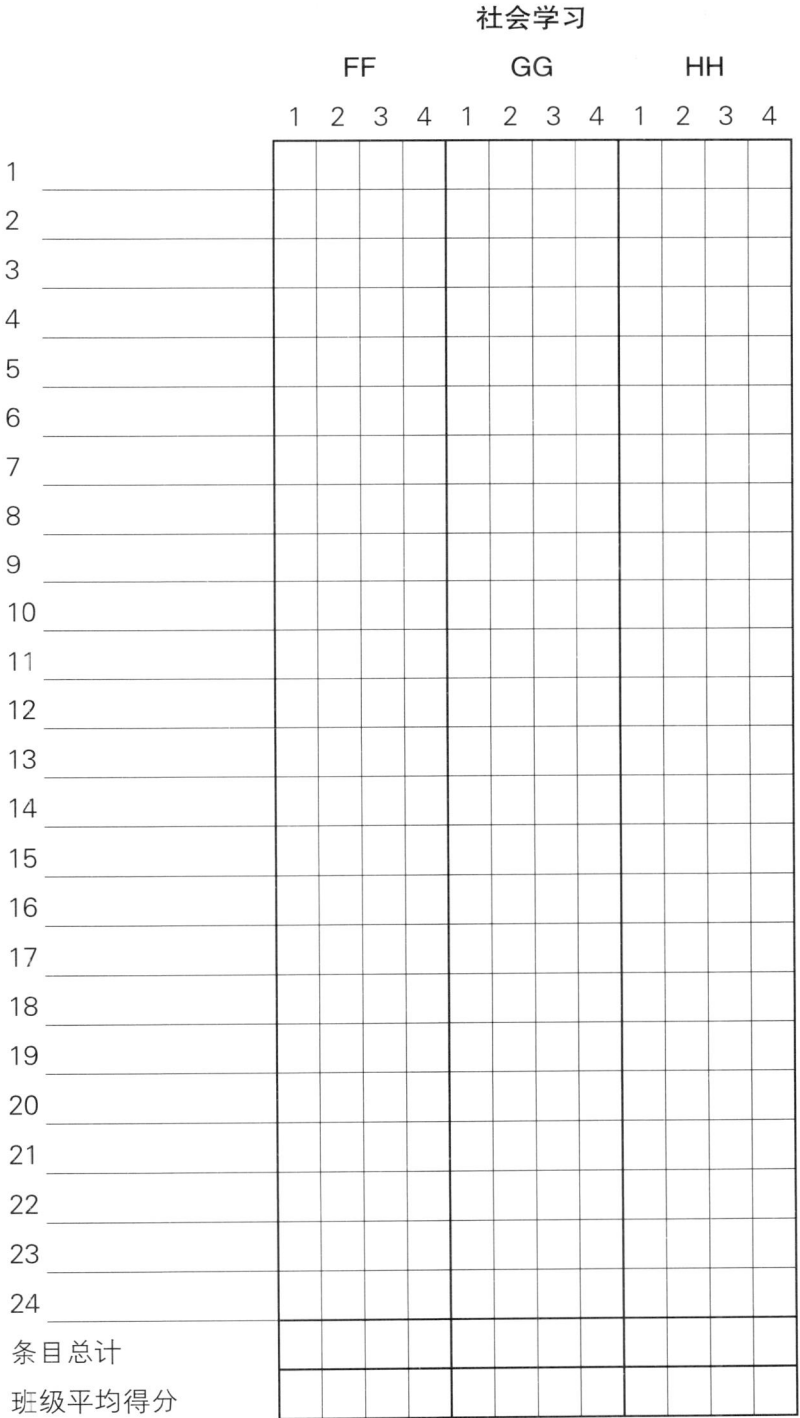

英语语言学习（如果适用）

	II				JJ			
	1	2	3	4	1	2	3	4
1								
2								
3								
4								
5								
6								
7								
8								
9								
10								
11								
12								
13								
14								
15								
16								
17								
18								
19								
20								
21								
22								
23								
24								
条目总计								
班级平均得分								

家 庭 手 册

欢迎使用《学前儿童观察评价系统》(COR Advantage)！这本手册说的是《学前儿童观察评价系统》(COR Advantage) 是什么以及幼儿教师如何使用它支持您孩子的发展，它同样能帮助您在家中支持孩子的发展。

什么是《学前儿童观察评价系统》(COR Advantage)？

《学前儿童观察评价系统》(COR Advantage) 是一套着眼于 0~6 岁儿童学习与发展所有方面的完整评价系统。这套评价系统由高瞻教育研究基金会研发，已经在世界范围内使用超过 25 年了。它依据的是最新的早期教育实践，已经经过高瞻课程模式和其他研究验证（显示为准确的和可信的）。

为完成《学前儿童观察评价系统》(COR Advantage)，您孩子的照顾者或教师观察并记录了孩子在园所做的事情以及所说的话（被称为"逸事"）。例如，如果您的孩子是婴儿，他的照顾者可能会记录：当物体在头上方转动时，他的眼睛会追着看。而一则关于 3~5 岁儿童的逸事可能记录的是孩子学习字母或研究水车的运转。这类信息帮助照顾者和教师理解您孩子的发展。

您分享的孩子在家中的逸事将帮助照顾者或教师为您的孩子绘制一份完整的"发展图"。

《学前儿童观察评价系统》(COR Advantage) 如何使用？

除了创建《幼儿总结表》外，教师使用他们收集的信息来设计活动，寓教于乐。《学前儿童观察评价系统》(COR Advantage) 帮助教师根据您孩子的兴趣、能力乃至全班幼儿的需要设计活动。教师也能够提供关于您在家里和孩子可以开展的活动的实用建议。

幼儿园也使用《学前儿童观察评价系统》(COR Advantage) 来满足有关投资和认证报告的要求。因为该系统是基于对幼儿如何发展和学习的最新研究，管理者能够借此计划员工培训活动。

《学前儿童观察评价系统》（COR Advantage）关注哪些学习和发展的领域？

《学前儿童观察评价系统》（COR Advantage）关注幼儿在以下重要领域的发展进程。

- 学习品质

这个领域关注幼儿如何学习而不是关注幼儿学习了什么。教师观察幼儿的以下方面：主动性（渴望学习并实施自己的想法）；使用材料解决问题（尝试不同的解决方法找出什么是有效的方法）；反思（回忆自己做了什么并运用自己学到的东西）。

- 社会性和情感发展

幼儿对自己是什么感受以及他们如何与他人相处，为他们的终身学习奠定基础。教师观察幼儿的这些方面：情感（理解并处理情感）；与成人建立关系（与照看他的成人建立联系）；与其他幼儿建立关系（学习交朋友）；集体（加入集体活动）；冲突解决（和平解决冲突）。

- 身体发展和健康

幼儿学习如何移动他们的身体以及照顾好自己。教师使用《学前儿童观察评价系统》（COR Advantage）做如下观察：大肌肉运动技能（通过爬、走、跑等方式移动全身）；小肌肉运动技能（使用双手和手指完成任务）；自我照顾和健康行为（学习如何吃饭、穿衣；吃有营养的食物并锻炼身体）。

- 语言、读写和交流

学习说话是学习阅读和书写的基础。教师观察幼儿以下方面的发展：表达（与他人交谈）；倾听与理解（理解他人说的话）；语音意识（识别构成单词的声音）；字母知识（学习字母）；阅读（幼儿知道书是怎么回事）；图书知识与乐趣（从阅读中收获乐趣）；书写（从做标记和涂鸦到开始写字母）。

- **数学**

幼儿学习数学概念，为后续的学校学习奠定基础。在这个领域，教师使用《学前儿童观察评价系统》（COR Advantage）观察以下方面：数字和点数（学习数字以及它们的应用）；形状与空间意识（学习形状的名称以及物体如何组合在一起）；测量（理解并使用简单的测量概念，如长度和重量）；模式（复制现成的模式和创造新的模式）；数据分析（收集和解释信息）。

- **创造性艺术**

艺术让幼儿有多种方式去发挥其想象力，表达想法。《学前儿童观察评价系统》（COR Advantage）帮助教师观察以下多个方面：视觉艺术（涂鸦和绘画、玩橡皮泥）、音乐（唱歌和弹奏简单的乐器）、律动（以创造性的方式移动和跳舞）和假装游戏（表演真实和虚构的人物和事件）。

- **科学和技术**

幼儿像科学家一样调查他们周围的世界。教师观察以下方面：观察与分类（根据物体的相似和不同之处来进行分类）；实验、预测和得出结论（尝试不同的方式来观察和解释发生的现象）；探索自然和物质世界（认识植物、动物和自然界的循环）；工具和技术（使用机械和电子设备来学习和实施自己的想法）。

- **社会学习**

对于幼儿而言，社会学习就是了解自己、家庭、幼儿园或班级以及周围的社会。《学前儿童观察评价系统》（COR Advantage）帮助教师观察以下方面：对自我和他人的认知（什么使人们相同或不同；尊重多样性）；地理（识别并了解熟悉的地方）；历史（理解过去、现在和未来）。

- **英语语言学习（如果适用）**

对于母语不是英语的幼儿，教师使用《学前儿童观察评价系统》（COR Advantage）来追踪他们的进步并在以下方面帮助他们：英语听力与理解（当有人对幼儿说话时，他们能听懂多少英语，这通常通过给幼儿提要求或邀请其做某事时幼儿给出的回应判断）；英语口语（和他人交谈使用多少英语；幼儿交流的渴望是否驱使他们学习语言）。

我孩子的老师将如何与我分享《学前儿童观察评价系统》（COR Advantage）的信息？

在这一年中，您孩子的照顾者或教师将安排与您会面，分享《学前儿童观察评价系统》（COR Advantage）的信息，使用《学前儿童观察评价系统》（COR Advantage）的工具——《幼儿总结表》总结您孩子在各领域的发展。在会面中，您将会看到关于您孩子在幼儿园的逸事记录，了解为什么这些经历和行为是孩子发展的重要方面。您也可以提供额外的信息，即您在家里与孩子互动时观察到的孩子做的事情并讨论如何帮助孩子学习和发展。

请记住，您孩子的照顾者或教师，时刻准备回答您关于《学前儿童观察评价系统》（COR Advantage）的问题，并与您探讨如何使用它来支持您的孩子，以及您如何在家中利用收集的信息帮助孩子学习与发展。您也可以在高瞻官网（www.highscope.org）上了解更多的信息。

家庭报告表

幼儿姓名：_____

主要照顾者：_____

幼儿园名称：_____

观察开始日期：_____ / _____ / _____

报告完成日期：_____ / _____ / _____

报告人：_____

学习品质

发展概况：

支持性逸事：

社会性和情感发展

发展概况：

支持性逸事：

身体发展和健康

发展概况：

支持性逸事：

语言、读写和交流

发展概况:

支持性逸事:

数学

发展概况：

支持性逸事：

创造性艺术

发展概况：

支持性逸事：

科学和技术

发展概况：

支持性逸事：

社会学习

发展概况：

支持性逸事：

英语语言学习（如果适用）

发展概况：

支持性逸事：

家庭观察：

幼儿园和家庭的后续工作：

教师签名：_____

家庭成员签名：_____

参考文献

Copple, C., & Bredekamp, S. (Eds.).(2009). Developmentally appropriate practice in early childhood programs serving children from birth through age 8 (3rd ed.).Washington, DC: National Association for the Education of Young Children.

Epstein, A. S. (2014). The intentional teacher: Choosing the best strategies for young children's learning (Rev. Ed.). Washington, DC: National Association for the Education of Young Children.

Epstein, A. S., & Hohmann, M. (2012). The HighScope Preschool Curriculum. Ypsilanti, MI: HighScope Press.

HighScope Educational Research Foundation. (1992). Child Observation Record (COR) for Ages $2\frac{1}{2}$ to 6. Ypsilanti, MI: HighScope Press.

HighScope Educational Research Foundation. (2002). Child Observation Record (COR) for Infants and Toddlers. Ypsilanti, MI: HighScope Press.

HighScope Educational Research Foundation. (2003a). Preschool Child Observation Record (COR) (2nd ed.). Ypsilanti, MI: HighScope Press.

HighScope Educational Research Foundation. (2003b). Preschool Program Quality Assessment (PQA) (2nd ed.). Ypsilanti, MI: HighScope Press.

HighScope Educational Research Foundation. (2013). Infant-Toddler Program Quality Assessment (PQA). Ypsilanti, MI: HighScope Press.

Horton, C., & Bowman, B T. (2002). Child assessment at the preprimary level: Expert opinion and state trends (Occasional Paper Number 3, Herr Research Center,

Erikson Institute). Chicago: Erikson Institute.

National Research Council. (2001). Eager to learn: Educating our pre-schoolers. Washington, DC: Author.

Schweinhart, L. J., Montie, J., Xiang, Z., Barnett, W. S., Belfield, C. R., & Nores, M. (2005). Lifetime effects: The HighScope Perry Preschool Study through age 40. Ypsilanti, MI: HighScope Press.

后　　记

　　《幼儿园教育指导纲要（试行）》明确指出：教育评价是幼儿园教育工作的重要组成部分，是了解教育的适宜性、有效性，调整和改进工作，促进每一个幼儿发展，提高教育质量的必要手段；评价应自然地伴随着整个教育过程进行，综合采用观察、谈话、作品分析等多种方法；幼儿的行为表现和发展变化具有重要的评价意义，教师应视之为重要的评价信息和改进工作的依据。该文件也明确提出幼儿发展评价的要求，即明确评价的目的是了解幼儿的发展需要，以便提供更加适宜的帮助和指导；全面了解幼儿的发展状况，防止片面性，尤其要避免只重知识和技能，忽略情感、社会性和实际能力的倾向；在日常活动与教育教学过程中采用自然的方法进行评价，平时观察所获的具有典型意义的幼儿行为表现和所积累的各种作品等，是评价的重要依据；承认和关注幼儿的个体差异，避免用整齐划一的标准评价不同的幼儿，在幼儿面前慎用横向的比较；以发展的眼光看待幼儿，既要了解现有水平，又要关注其发展的速度、特点和倾向等。可见，幼儿的发展评价是研究与实践的重要一环，是教师教学中的重要关注点。以艺术领域为例，《3—6岁儿童学习与发展指南》要求我们了解并倾听幼儿艺术表现的想法或感受，领会并尊重幼儿的创作意图，不简单地用"像不像""好不好"等成人标准来评价。

　　在进行《幼儿园教育指导纲要（试行）》的深度学习和研究时，在全面贯彻落实《3—6岁儿童学习与发展指南》的过程中，我们尝试寻找符合我国《幼儿园教育指导纲要（试行）》和《3—6岁儿童学习与发展指南》的价值取向且具有很好实践操作性的可借鉴的资料。在寻寻觅觅的过程中，我们将目光聚焦在了高瞻课程模式，其《学前儿童观察评价系统》与我们《幼儿园教育指导纲要（试行）》中强调的关于幼儿评价的价值取向相一致，它划分发展水平的思想及其可操作性更是我们渴求的。高瞻课程在国际上久负盛名，不仅由于它理论和实践兼具的良好课程体系，而且因为它有着极具内涵的儿童评价工具——《学前儿童观察评价系统》。

高瞻课程模式的《学前儿童观察评价系统》是世界上较为完善的儿童评价系统，它不仅有良好的理论支撑，而且经过长时间的实践检验。这一评价系统在理论上符合高瞻课程模式，其独具的逸事记录方法也便于一线教师在实践中较好地使用。使用这样的发展性评价不仅对于幼儿当下乃至未来可持续的学习与发展有着举足轻重的价值和意义，而且关乎幼儿园教师的专业发展和学前教育质量的切实提升，对于整个学前教育事业的改革与发展有着举足轻重的价值和意义。因此，我们的研究团队十分重视本书的译介，在一次次追求翻译的信、达、雅的同时，以学术"研""究"的态度不断"格物致知"。具体来说，第一步，由我带领的硕博翻译团队在通读全书的基础上，进行了目录翻译和关键术语翻译，并请各位译者在此基础上不断质疑和讨论，最终定稿；第二步，翻译完初稿，然后请译者交替再译、相互讨论与校正；第三步，请几位"自己走出来"的优秀译者对书稿进行全文细改细核，并形成新的译稿；第四步，制作系统表格并进行全面、系统、多轮次的修订和完善；第五步，再次通读全文，在重新确认翻译的准确性的基础上，调整部分翻译语言，使其更加地道，更易于被广大学前教育界同人理解和接受；第六步，我们根据过程中提出的各种翻译注意事项，做成一份完整的翻译注意事项清单，尽可能基础、具体和系统，既作为我们最后一次修订的具体依据，也是我们对整个翻译历程的回顾和反思，同时作为今后学习和研究的"公约"和示范，让各位译者在最后修订中既有"雄关漫道真如铁，而今迈步从头越"的从零开始的意识和态度，又有具体抓手。

从这个意义上，本书追求信、达、雅三境界的努力过程，追求切实服务于幼儿园教师专业发展的现实态度，追求切实服务于学前教育质量提升的专业责任。这让我们又一次经历了王国维的"三境界说"：古今之成大事业、大学问者，必经过三种之境界。"昨夜西风凋碧树。独上高楼，望尽天涯路。"此第一境界也。"衣带渐宽终不悔，为伊消得人憔悴。"此第二境界也。"众里寻他千百度。蓦然回首，那人却在，灯火阑珊处。"此第三境界也。第一境界形容学海无涯，只有勇于登高远望者才能寻找到自己要达到的目标，只有不畏孤独寂寞才能探索有成。第二境界比喻为了寻求真理或者追求自己的理想，废寝忘食，夜以继日，不屈不挠。第三境界说的是做学问、成事业者，要有专注的精神，反复追寻、研究，下足功夫，自然会豁然贯通，有所发现，有所发明，就能够从必然王国进入自由王国。回首我们的翻译历程，若非曾经"独上高楼"远望"天涯路"，又怎会"为伊消得人憔悴"而"衣带渐宽"呢？如非"终不悔"地苦苦追索，又怎能获得今日完稿之时"灯火阑珊处"的喜悦心情呢？学术人生或学问之路上所有最后的大小成功无非都经历着3个过程：有了目标，欲追求之；追求的过程中有所羁绊，坚持不放弃；成败关键时刻，一次次咬牙挺过，才能喜获丰收。我认为，翻译也是培养人的过程。凡硕博学生都可以从容地进入第二境界，但要想逾越它却不是那么简单。走完全程的同学果敢坚忍，不屈不挠，造就了他们今天不同于其他同学的成功。他们逾越的不仅仅是人生的境界，而且更是他们自我学术追求的一个个极限。有幸的是，我为这些今天的学术人才、明日的学术领袖提供过"鹰架"。译稿完成后回望来路，也越来越理解王国维这三重境界的意蕴：看山是山，看水是水；看山不是山，看水不是水；看山还是山，看水还是水。

　　本书是团队共同努力的结晶。除上述三境界外，更经历了翻译的两个征程。翻译过程更像万里长征路，需要跨越一个又一个艰难的沟壑。早在6年前，我带领团队成员便开始了《学前儿童观察评价系统》的追寻与翻译。我们在充分讨论的基础上进行了翻译的分工。《使用指南》由李冰伊、杨伟鹏翻译，《评分指南》由黄爽、徐鹏翻译，《幼儿总结表》等配套材料由孙蔷蔷、房阳洋、雷雁岚、史贝贝、冉时雨、瞿露和张娜娜翻译。在第一轮翻译结束之后，程旭、徐鹏、史贝贝、张娜娜和黄爽等几位同学承担了校稿和统稿工作。第一征程的工作苦于未能拿到版权，无法将此书出版。6年后，我们拿到版权并重新定位、着手翻译，旨在将高瞻课程的儿童观察评价系统带到中国，借鉴其优秀的评价思维，将其运用于我国儿童观察和教学质量提升中。第二征程由我带领团队"再次作战",《使用指南》和《评分指南》由刘祎玮、谷虹、杜宝杰、王冰虹、任宏伟和张昭翻译并多次校对,《幼儿总结表》等配套材料由刘祎玮、刘睿文翻译并校对。全书定稿后,由耿泽、孙亚男、刘海丹、张静漪和张艺进行部分校对。校对完成后,刘祎玮和刘睿文又对本书进行通用术语的替换和全文核校。为保证译稿质量,何淼对本书进行了全面细致的再核,最后由我定稿。特别感谢参与第一征程的硕博团队,他们是我已毕业的硕博学生,在读期间勤奋进取,毕业之后一直协助我的工作,有较好的学者风范。特别感谢刘睿文,她在本书的修订完善、部分重译中发挥了主动性和主体作用,已经表现出了突出的学术研究品质和学术研究潜质。特别感谢何淼、张静漪、张昭、张艺,她们在翻译和校对中已经体现出了优秀的学习品质与研究能力。还要特别感谢本译丛的主要负责人,也是迄今为止我最为年轻的合作伙伴李金、刘祎玮和何淼,她们自始至终既主要负责各自的学术翻译和学术研究,又协助我对本丛书中每本书一轮轮的"鹰架"布设和实际执行。她们都是我的硕士研究生,是 20 出头的年轻人,但她们主动性的学习品质、合作性的行动品质、创造性的思维品质让我受益良多,也让整个翻译团队能够百折不挠地持续前行。她们和她们所代表的年轻人是"早上八九点钟的太阳",学前教育事业改革和发展的希望寄托在她们身上。

《幼儿园保育教育质量评估指南》重视过程质量,关注教育过程,从办园方向、保育与安全、教育过程、环境创设、教师队伍等 5 个方面考察幼儿园保教质量,将"聚焦班级观察"作为全面、客观、真实地了解幼儿园保育教育质量的重要方式。为了明晰应该聚焦班级观察的哪些方面、应该如何开展班级观察,真正帮助幼儿园教师解决在真实教育教学情境中观察评价学前儿童的问题,落实基于"科学评估"的"以评促建",促进新时代高质量幼儿园课程体系和幼儿园课程评价体系建设,我和团队结合新时代学前教育发展的需求继续研究并深入挖掘《学前儿童观察评价系统》的内涵与价值,尝试放大该评价系统的闪光点,努力赋予该评价系统新的生命力。值此再版的机会,我们对原书稿进行了细致的再审校和查漏补缺,并结合新时代背景、《幼儿园保育教育质量评估指南》和本书的内容对译者前言进行了调整。本书译者前言由龙正渝、谷虹、杜宝杰、姚聪瑞、李雨昕、黄双、张仁甫协助我完成，抚州幼儿师范高等专科学校的杨志红老师从人才培养的角度就"《中国学前儿童观察评价系统》的本土化建构展望"的框架与部分内容与我和团队进行沟通讨论，在此一并感谢。通过前言的修订和思考，我们希望能在借鉴该系统科学规范的编制经验的基础上，把握中国的人才培养价值取向，立足中国学前儿童的学习与发展特点，基于中国学前教育课程已有经验与未来取向，明确性质与定位、目标与结构、情境与任务、方法与工具、成果与运用等关键问题，开发科学有效的《中国学前儿童观察评价系统》。

图书付梓和再版之际，感谢教育科学出版社的领导和老师们，特别是教育科学出版社学前分社的领导和老师们为此书提供的支持。

儿童观察评价是考量学前教育质量的重要工具和有效手段，这一评价系统的确立需要经历坚实的理论研究和反复的实践探寻。尽管我国尚未有相关观察评价体系，但是我相信这是学前人研究和思考的方向，是我们未来共同努力的目标，我们需要这样的系统来为我们走出"小学化"误区助力，而高瞻课程模式的这一观察评价系统为我们徐徐开启了研究的大门。我和我的研究团队在百般寻觅和思索探寻之后，将我们的译作推荐给学前教育研究者和实践者，相信它能够在理论上给研究者较多的启迪，在实践中给一线工作者更多的灵感。

北京师范大学　霍力岩

出 版 人　李　东
责任编辑　王春华
版式设计　宗沅书装　沈晓萌
责任校对　马明辉
责任印制　叶小峰

图书在版编目（CIP）数据

学前儿童观察评价系统／美国高瞻教育研究基金会著；霍力岩等译 .—北京：教育科学出版社，2018.7（2023.11 重印）
（高瞻课程的理论与实践／霍力岩主编）
书名原文：Preschool Child Observation Record (COR Advantage)
ISBN 978-7-5191-1422-0

Ⅰ . ①学… Ⅱ . ①美… ②霍… Ⅲ . ①学前儿童—综合评价 Ⅳ . ① G61

中国版本图书馆 CIP 数据核字（2018）第 117541 号

北京市版权局著作权合同登记　图字：01-2016-9154 号

高瞻课程的理论与实践
学前儿童观察评价系统
XUEQIAN ERTONG GUANCHA PINGJIA XITONG

出版发行	教育科学出版社			
社　　址	北京·朝阳区安慧北里安园甲 9 号	市场部电话	010-64989572
邮　　编	100101	编辑部电话	010-64989395
传　　真	010-64989419	网　　址	http://www.esph.com.cn
经　　销	各地新华书店		
制　　作	宗沅书装		
印　　刷	保定市中画美凯印刷有限公司		
开　　本	787 毫米 ×1092 毫米　1/16	版　　次	2018 年 7 月第 1 版
印　　张	15.5	印　　次	2023 年 11 月第 12 次印刷
字　　数	185 千	定　　价	60.00 元

如有印装质量问题，请到所购图书销售部门联系调换。

Preschool Child Observation Record （COR Advantage）

COR Advantage User Guide
By Ann S.Epstein, Beth Marshall, Suzanne Gainsley, et al.
© 2014 HighScope Educational Research Foundation for the original edition.

COR Advantage Scoring Guide
By Ann S.Epstein, Beth Marshall, Suzanne Gainsley, et al.
© 2014 HighScope Educational Research Foundation for the original edition.

Information for Families
By HighScope Educational Research Foundation
© 2014 HighScope Educational Research Foundation for the original edition.

COR Advantage Forms:
Class and Child Summary
By HighScope Educational Research Foundation
© 2014 HighScope Educational Research Foundation for the original edition.
Anecdote Booklet
By HighScope Educational Research Foundation
© 2014 HighScope Educational Research Foundation for the original edition.
Preschool COR Advantage Family Report
By HighScope Educational Research Foundation
© 2016 HighScope Educational Research Foundation for the original edition.

© 2018 Educational Science Publishing House for this Chinese edition.

All rights reserved. This book has been translated by Educational Science Publishing House under license by HighScope Educational Research Foundation.

The full English version of this book is available from HighScope Educational Research Foundation, 600 North River Street, Ypsilanti, Michigan 48198, U.S.A. or at www.HighScope.org.

This Simplified Chinese edition is translated and published by permission of the Proprietor. Educational Science Publishing House shall take all necessary steps to secure copyright in the Translated Work in Mainland China it is distributed.

本书中文版由权利人授权教育科学出版社独家翻译出版。未经出版社书面许可，不得以任何方式复制或抄袭本书内容。

版权所有，侵权必究。